BLUTRAUSCH

KURT OSTBAHN
BLUTRAUSCH

KRIMINALROMAN

AUFGEZEICHNET VON

GÜNTER BRÖDL

HAYMON

Umschlag: Benno Peter

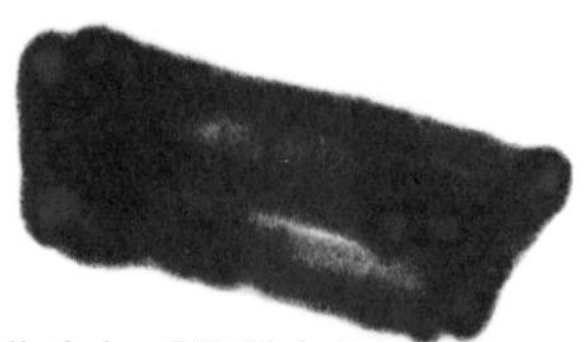

Die Deutsche Bibliothek – CIP-Einheitsaufnahme

Brödl, Günter:
Kurt Ostbahn, Blutrausch : Kriminalroman - Innsbruck : Haymon-Verl., 1995
ISBN 3-85218-202-6
NE: Ostbahn, Kurt

Druck und Bindearbeit: Wiener Verlag, Himberg

1

Im Cafe *Rallye* brennt noch Licht. Es ist kurz nach zwei und seit Mitternacht Sperrstunde, aber wenn sich der Herr Josef ein ahnungsloses Opfer gefunden hat, das mit ihm Fernet trinkt, hat das *Rallye* auch durchgehend geöffnet. Der Herr Josef serviert dann zum Magenbitter die bittere Geschichte seiner Motorsportkarriere. Und wenn es draussen wieder hell wird, ist er am schwärzesten Punkt seiner Rennfahrerlaufbahn angelangt, bei der Rallye Paris-Dakar. Nach einem Getriebeschaden war für den jungen Herrn Josef das Rennen in Marseilles gelaufen, und er heuerte bei der Fremdenlegion an. Schwarzafrika. Kongo, sagt er dann und schließt die stark geröteten Augen. Das war die Hölle, die Hölle auf Erden.

Heute nacht hat er ein anderes Problem. Der Wickerl ist da, voll auf Speed oder Koks oder irgendeiner Mischung, die ihn zur tickenden Zeitbombe macht.

„Abend, Herr Kurt“, sagt der Herr Josef müde, als er die milchgläserne Eingangstür einen Spalt aufmacht und mich eintreten läßt.

„Herr Josef“, sage ich und höre sofort, daß ihn heute nicht der Kongo, der Fernet und ein geduldig lauschender und trinkender Gast am Heimgehen hindern. Aus dem Hinterzimmer kommt ein spitzer, martialischer Schrei. Dann ein Krachen und das Klingeln von tausend verstörten

Glöckchen, als der Wickerl dem „Monte Carlo Rallye"-Flipper einen Tritt in die Eingeweide vesetzt und ihm gut ein Dutzend Mal das Scheißengehen schafft.

Der Herr Josef wirft einen traurigen Blick in Richtung Hinterzimmer. Der Flipper und eine antike Jukebox sind der einzige Glanz in seiner tristen Hütte.

Seit ich vor sechs Jahren, kurz nach meinem Umzug in die Reindorfgasse, das erste Mal in das Lokal geraten bin, zu spätnächtlicher Stunde und genau in dem Moment, als ein konditionsschwacher Gast nach einer halben Flasche Fernet das Handtuch warf und ich daraufhin einspringen und dem Herrn Josef bis in den späten Vormittag hinein die Lebensbeichte abnehmen mußte, seit dieser ersten langen Nacht im *Rallye* muß ich immer wieder mitansehen, wie es mit Wirt und Wirtschaft bergab geht.

Der Herr Josef, an sich eine stattliche Erscheinung, ein Knecht, wie man sagt, hat's seit ein paar Jahren mit den Bandscheiben und dem Magen. Das weiße Porsche-Modellauto mit den Rennstreifen und der von ungeübter Hand auf die Kühlerhaube gepinselten Aufschrift „Cafe Rallye" steht zwar immer noch im staubigen Schaufenster, doch die Scheinwerfer strahlen längst nicht mehr. Und der Tischtennis-Tisch, den der Herr Josef aus dem Garten seiner Schwester geholt und im Hinterzimmer aufgestellt hat, brachte gästemäßig nicht den erwarteten Aufschwung.

Das *Rallye* ist auf die kleine Gruppe von langjährigen Stammgästen angewiesen, die den Wirt, wie sich das gehört, mit „Herr Josef" anreden und dafür ein entsprechend freundliches Service erwarten dürfen, und auf eine Clique von Jugendlichen, die den Herrn Josef mit einem form- und respektlosen „Rallye!" an einen seiner sechs Tische ruft. „Rälli, noch ein Cola!" - „Rälli, wann kommt mein roter Spritzer? Heut noch?!"

Und dann gibt's den Wickerl. Er hat eigentlich Lokalverbot, aber weil er der Freund vom Rudi ist, dem der Herr Josef nichts abschlagen kann, darf er doch immer wieder herein, darf im Hinterzimmer flippern, bis zum Abwinken Cola-Rot trinken und das Häusl vollkotzen.

„Sie kennen mich, Herr Kurt“, sagt der Herr Josef und stellt das kleine kleine Bier mit dem großen Fernet vor mich auf die Theke. „Ich hab eine Engelsgeduld. Aber wann mir einmal der Faden reißt, dann spielt's Granada. Und jetzt is es bald so weit.“

Ich sage nichts. Ich will nur in Frieden trinken, die traditionelle Mischung für die nötige Bettschwere, aber anscheinend ist das *Rallye* heute nicht der richtige Ort dafür.

„Wickerl, bist übergschnappt?“ schreit der Rudi im Hinterzimmer und seine Stimme überschlägt sich. „Wickerl! Tu den Fisch weg!“

Der Wickerl lacht, wie er das von den Schurken in den alten Filmen gelernt hat.

„Wickerl! Hör auf, Wickerl!“ Der Rudi kommt ganz langsam und im Retourgang aus dem Hinterzimmer. Er ist noch blasser als sonst und hält sich an einer Flasche Kapsreiter fest. Der Wickerl, ansonsten auch eine eher blasse Erscheinung, dessen spitze Gesichtszüge hinter einem dünnen Vorhang aus schwarz-lila gefärbten Haaren verborgen bleiben, sieht aus, als hätte er zinnoberrote Kriegsbemalung aufgetragen. Er schaut sich mit weit aufgerissenen Augen im Schankraum um. In der rechten Hand hält er ein Springmesser und zeichnet mit der Klinge Zickzackmuster in die Luft.

„Ganz ruhig, Wickerl“, sagt der Herr Josef. „Ganz ruhig.“

Aber der Wickerl untersteht einem anderen Kommando. Er hat eine Mission zu erfüllen.

„Ich mach Euch alle kalt“, sagt er und grinst dazu, als würde er uns damit eine ganz besondere Freude machen wollen.

Niemand sagt was. Der Rudi wimmert leise und macht einen Schritt in Richtung Tür.

„Dableiben, Depperter!" zischt der Wickerl.

Das hätte er nicht tun sollen. Der Rudi, ein eher schlichtes und sanftes Gemüt, läßt sich viel gefallen. Nicht nur vom Wickerl, der ihn seit ihrer gemeinsamen Hauptschulzeit abwechselnd als Blutsbruder, Sündenbock, Verbündeten und Fußabstreifer benutzt. Aber gegen eines ist der Rudi allergisch: Niemand darf auf die Idee kommen, ihn „Depperter" zu rufen. Da setzt es bei ihm aus. Da sieht er rot. Der Wickerl weiß das. Aber da die Kommandozentrale in seiner Birne momentan fest in der Hand von Zelluloidschurken oder Heavy-Metal-Monstern ist, tappt er ferngesteuert in die Falle.

Die Kapsreiter-Flasche trifft ihn ohne Vorwarnung. Der Rudi, noch eine Spur blasser im Gesicht als vorhin, zerschlägt sie an Wickerls rechtem Unterarm. Das Messer fliegt durch den Raum, prallt von der Jukebox ab und dreht sich auf dem Steinboden wie ein müder Kreisel. Der Wickerl beobachtet zuerst interessiert den Flug seines Werkzeugs und dann, wie der dunkle Fleck auf seinem rechten Hemdärmel immer größer wird. Bier und Blut.

„Und jetzt verschwind, und zwar dalli und für immer", sagt der Herr Josef.

Langsam weicht die Kriegsbemalung aus Wickerls Gesicht. Als er bei der Tür ankommt und sich noch einmal umdreht, ist er so blaß wie sein einstiger Blutsbruder.

„Dafür gehst sterben, Rudi. Heut noch", sagt der Wickerl, reißt mit der unverletzten Linken die Tür auf und stolpert hinaus in die kalte Nacht.

2

„Wer lang raucht, der lebt lang“, sagt der Herr Josef und hält dem Rudi und mir eine Schachtel Marlboro hin. Der Rudi fischt sich mit zitternden Fingern eine Zigarette aus der Packung. Dann ziehe ich mit zitternden Fingern eine Zigarette aus der Packung. Der Herr Josef gibt uns Feuer und ist die Ruhe selbst.

„Hundert Mal hab ich Dir schon gsagt, Rudi: Wer einen Freund wie den Wickerl hat, der braucht keine Feinde“, sagt er und schenkt seinem Ziehsohn einen extra großen Scharlachberg ein. Der Rudi nickt und saugt an der Marlboro.

„Und der Herr Kurt sieht das auch so. Nicht wahr, Herr Kurt?“

Der nächste überdimensionale Scharlachberg ist für mich.

„Er is eine Krätzen“, sage ich. „Aber ich tät meinen, nach dem Flascherl Kapsreiter hat er genug für heute.“

„Der Wickerl? Nie!“ japst der Rudi nach dem größten Schluck Weinbrand seines Lebens. „Der kommt wieder und sticht mich ab!“

„Aber nicht mit dem Feitel und dem blessierten Handerl“, sagt der Herr Josef, während er hinter der Schank hervorkommt, um ächzend das Springmesser vom Boden aufzuheben.

„Und außerdem: Wir sind auch noch da. Nicht wahr, Herr Kurt?“

Er klopft dem Rudi im Vorbeigehen aufmunternd auf die Schulter, und der Rudi schaut mich hilfesuchend an.

Da fällt mir ein, ich muß gehen. Aber dann fällt mein Blick auf den Scharlachberg, und ich lasse mich überreden. Auf einen Schluck, oder zwei.

„Was war eigentlich da hinten los?“ frage ich.

„Nix", sagt der Rudi. „Ich hab nur zu ihm gesagt, daß ich gar nicht genau wissen will, was er mit seiner Mama gemacht hat, weil das eine Schweinerei ist, mit der ich nix zu tun haben will. Und da hat er plötzlich durchgedreht, weil wir immer zusammenhalten müssen."

Der Rudi ist kein begnadeter Erzähler, und der Schock über den Amoklauf seines Kumpels, im Verein mit den Bieren des Abends und dem hastigen Scharlachberg, macht seine Ausführungen nicht schlüssiger. Aber nach zirka zwanzig Minuten weiß ich zumindest so viel:

Der Wickerl hat vor 14 Tagen einen gröberen Wickel mit den anderen gehabt. Die anderen, das sind der Tobi, der Gschwinde und vor allem die Donna, die eigentlich Elfi heißt und nicht nur eine super Stimme hat. Diese drei und der Wickerl waren, zumindest bis vorletzte Woche, eine sensationell schnelle, laute und geile Band. „Mom & Dead". Death Metal, Trash Metal, Sex Metal. So genau weiß das der Rudi nicht, er weiß nur, daß die anderen den Wickerl mitsamt seiner Baßgitarre in die Wüste geschickt haben, wegen diverser privater und finanzieller Ungereimtheiten, und das just zu dem Zeitpunkt, als „Mom & Dead" einen Plattenvertrag mit einem deutschen Independent-Label in Aussicht hatten.

Der Wickerl hat keinem Menschen von seinem Hinauswurf erzählt, nur seinem Freund Rudi, der ihm immer die Baßanlage in den Proberaum schleppen durfte und dafür mit dem Titel „Personal Roadie" geadelt wurde. Vier Tage lang war der Wickerl dann jedenfalls nicht ansprechbar, war abwechselnd fett, drauf und drüber, und dann plötzlich, am vorletzten Wochenende, hatte er die Erleuchtung. Nach einer visionären Begegnung mit einem Unbekannten in einer Disco in der Innenstadt sah er für sich (und Freund Rudi) den Platz an der Sonne, komplett mit einem Haufen Geld, schönen Frauen und neuen Freunden, die im zu den Wapplern von „Mom & Dead“ auf Bali oder zumindest in Florida überwinterten und nicht vor der Heizsonne im modrigen Proberaum in der Graumanngasse.

Die Sache hatte nur einen kleinen Haken. Der Platz an der Sonne war zwar bereits reserviert, aber, wie vieles im Leben, nicht gratis. Der Wickerl mußte vor dem großen Umzug noch ein paar Kleinigkeiten erledigen, die wiederum Investitionen notwendig machten. Er brauchte zum Beispiel dringend einen Wagen. Woher nehmen, wenn nicht stehlen. Aber das klappte nicht so ganz.

Also ging er am vergangenen Dienstag zu seiner Mutter, ließ sich bekochen, beim anschließenden Kaffee über die neuesten Entwicklungen im Forsthaus Falkenau aufklären, und schlug ihr dann das kaputte Transistorradio über den Schädel, um ungestört das Schlafzimmer nach den 20.000 Schilling durchsuchen zu können, die sie für ihr Begräbnis angespart hatte. Als der Wickerl die Wohnung mit dem Geld wieder verlassen wollte, schaute er noch einmal in die Küche, wo die Mutter immer noch bewußtlos am Boden lag. Und da hörte er Motörhead. „Ace of Spades“. Aus dem Transistorradio, das schon seit Jahren keinen Ton von sich gegeben hatte. Und in diesem magischen Augenblick weiß der Wickerl, daß er auf dem richtigen Weg ist. Ein As, das nichts und niemand aufhalten kann auf seiner Fahrt zum Platz an der Sonne. Auch sein Freund, der Rudi, nicht, den er in sein Geheimnis eingeweiht hat und der jetzt, wo alle Ampeln auf Grün stehen, anhalten und diskutieren, ja vielleicht sogar alles, was er weiß, ausplaudern und aussteigen will.

„Seit das Radio wieder spielt, ist der Wickerl irgendwie wie wahnsinnig“, sagt der Rudi. „Ich war richtig froh, daß ich ihn die letzten Tage nicht viel gesehen hab. Er redet so komische Sachen. Daß er jetzt weiß, daß der Teufel eine Frau ist. Und daß er sie auf's Kreuz legen wird. Und dann kauft er sich eine Harley und fährt damit nach Kalifornien und reißt den Guns'n'Roses den Arsch auf mit seiner neuen Band. Vielleicht, vielleicht ist er irgendwie verhext oder besessen von Dämonen? Oder er hat irgendwo das Böse gesehen, und der Leibhaftige ist in ihn hineingefahren. Sowas gibt's ja."

Ich blicke dem völlig verstörten Knaben in die flackernden Augen und sage ihm, was ich in einer solchen Situation immer sage: Daß mir in meiner langjährigen beruflichen Laufbahn als Musikant schon allerhand untergekommen ist und daß ich über die Gefahren, die die elektrisch verstärkte Rock-and-Roll-Musik in sich birgt, sehr wohl Bescheid weiß, daß sie die heranwachsende Jugend aber schlimmstenfalls zum Singen, Tanzen und Springen, maximal zu vorehelichem Geschlechtsverkehr verführt.

„Den Rock and Roll", sage ich, „hat weder der Teufel geschickt, noch ist der Luzifer mit Hilfe von Motörhead in den Wickerl gefahren. Der Depp frißt einfach zu viel Speed und ist anscheinend in eine Gesellschaft geraten, die ihm nicht gut tut. Was sind das für Leute?"

„Weiß nicht", sagt der Rudi, „aber das Radio ...?"

„Keine Band der Welt, auch wenn sie noch so finster dreinschaut, sich das Pentagram auf Schwanz und Hirn tätowieren läßt und behauptet, auf des Teufels Spazierstock Gitarre zu spielen, bringt das kaputte Kofferradio einer alten Mutti wieder zum Singen, weil ihr die Rotzpippen von Sohn die Ersparnisse fladert. Vergiß den Schwachsinn, Rudi."

„Sehr richtig, Herr Kurt", meldet sich der Herr Josef, der meine fachlichen Ausführungen mit ständigem Kopfnicken begleitet hat. Dann macht er dem Rudi den Vorschlag, die Nacht auf seiner Wohnzimmercouch zu schlafen. Seine Schwester, die Martha, mit der der Herr Josef seit seiner Scheidung auf Zimmer-Küche-Kabinett zusammenlebt, wird schon nix dagegen haben, daß so ein fescher junger Bursch unter ihrem Dach nächtigt.

„Im Gegenteil", sagt der Herr Josef und lacht. „Und sicher ist sicher."

Während er und der Rudi im *Rallye* die Ordnung wieder herstellen, kehre ich zum eigentlich Grund meines Besuches zurück, dem kleinen, mittlerweile warmen Bier und seinem ständigen Gefährten, dem großen Fernet.

„Was machen wir damit?" sagt der Rudi. Er kommt mit einer speckigen Lederjacke aus dem Hinterzimmer. „Da ist alles drinnen. Das Geld, seine Schlüsseln ..."

„Pech fürn Wickerl", sagt der Herr Josef. „Wir haben schon zu. Niemand mehr da."

Der Rudi lacht.

„Genau. Sperrstund."

3

Was macht der Musikant, wenn er nicht musiziert, wenn er vier, fünf Monate Urlaub bekommt von den Kollegen und dem Publikum?

Ich kann nur für mich selber sprechen, tue das mit bald drei Jahrzehnten Erfahrung im Rücken, und die schaut so aus: Der Musikant wartet drauf, daß die Kollegen aus dem Urlaub zurückkommen und das Publikum wieder in die Schutzhäuser, Konzerthallen, Fußballstadien strömt. Die Wartezeit überbrückt er mit Krankheit, über- und regelmäßigem Alkoholkonsum, daraus resultierenden Depressionen und dem Abfassen von Liedern, die davon handeln, daß das Leben auf Tournee ein Trauerspiel ist, das Leben ohne Tournee aber schlicht menschenunwürdig.

Der Refrain noch eines Liedes zu diesem tristen Thema kriecht in mir hoch, als ich fröstelnd vor dem *Rallye* stehe und dem Fiat nachschaue, mit dem der alleinstehende Herr Josef den alleinstehenden Rudi heim zur alleinstehenden Frau Martha chauffiert, die sich und den beiden Mannsbildern ein ordentliches Frühstück hinstellen wird, bevor sie um halb acht zum *Herzmansky* fährt, wo sie seit 15 Jahren Handtaschen verkauft.

Ich hab nur eine Dose Löskaffee und eine Katze, die vor drei Wochen mit Sack und Pack ausgezogen ist, ohne ihre neue Adresse zu hinterlassen. Dafür muß ich nicht schon um sieben frühstücken.

So oder so ähnlich, nämlich in Reimen, müßte noch ein Lied über die schönste, weil spielfreie Zeit des Jahres beginnen.

Aber dann stört die Blutspur auf dem Gehsteig den kreativen Fluß meiner Gedanken. Sie beginnt vor der Eingangstür des *Rallye* und führt das Trottoire der Sechshauser Straße entlang in meine Richtung. Ich folge den im blassen Licht der Straßenbeleuchtung dunkel glänzenden Tropfen und Flecken. Der Wickerl war auf den ersten Metern flott unterwegs oder hat nur wenig Blut verloren. Dann, vor der Buchhandlung, hat er eine Pause eingelegt und eine tellergroße Pfütze hinterlassen. Er sieht sich im Schaufensterlicht, vor dem Hintergrund der rotschwarzen Stephen-King-Auslage, seinen von Kapsreiterscherben zerschnittenen Unterarm an. Schock. Panik. Rennen. Bis vor zum Optiker nur ein paar kleine dunkle Flecken auf dem Asphalt. Und dann das Paar Cowboystiefel aus Schlangenleder-Imitat. Es ragt aus der mit Herbstlaub und Brillenfassungen dekorierten Passage, und die ramponierten Stiefelspitzen zeigen in den Novemberhimmel.

Der Wickerl sieht aus, als hätten zehn Leute, die sich ungern „Depperter“ schimpfen lassen, vom Leibhaftigen die Erlaubnis gekriegt, an ihm all ihre Wut und ihren Haß auszulassen.

Ich deponiere das Puten-Cordon-bleu, mit dem ich mich am frühen Abend verwöhnt habe und das so mancher Fernet und Weinbrand in den Stunden danach zu einer dunkelbraunen Sauce verarbeitet haben, auf der nächstbesten Kühlerhaube. Dann werfe ich noch einen Blick auf das blutige Bündel, das von Wickerl, der Krätzen, übrig geblieben ist und wünsche mich ganz weit weg.

Stammersdorf, Nairobi, Sioux City. Oder auf Tournee, wo einem sowas nicht passiert.

4

Tamara ist schön wie immer. Aber die aufgeschlagenen Knie passen nicht so recht zu den roten Pumps und den Strümpfen mit Naht.

Seit unsere kurze aber heftige Affäre nach Intervention ihres Gemahls vorüber ist, sehe ich die unternehmungslustige Rechtsanwaltsgattin nur noch in meinen Träumen. Das aber fast täglich und immer in der Zeit vor dem Aufwachen.

Heute trägt Tamara ein rückenfreies Modellkleid, das sie in Mailand zum Preis eines Mittelklassewagens erstanden hat, und sie ist gesprächiger als sonst. Ihre blutigen Knie, meint sie, hätten nichts mit ihr zu tun, sondern mit mir und der letzter Nacht. Und während sie sich aus ihrem sündhaften Kleid schält, hält sie mir einen Einführungsvortrag über Traumdeutung, dem ich aber angesichts der sich mir darbietenden Rundungen nicht so ganz folgen kann.

Meine traumhafte Besucherin überlegt eben laut, ob sie die roten Schuhe anbehalten soll, wenn sie zu mir ins Bett kommt, als es draußen Sturm läutet.

„Dein Alter“, sage ich, „jetzt wird's unschön.“

Aber Tamara bleibt ganz ruhig. Sie küßt mich ausführlich. Und als ich ihren Kuß erwidern will, ist sie diskret verschwunden. Ich krieche aus dem Bett und zur Tür.

Die Herren von der Kriminalpolizei heißen Brunner und Skocik. Nachdem keiner der beiden meine entlaufene Katze im Arm hält, dürfte ihr Besuch mit dem Wickerl zu tun haben, den ich zuletzt vor ein paar Stunden in der Passage des Brillengeschäfts gesehen habe. In einem dermaßen katastrophalen Zustand, daß sich mein Hirn strikt weigert, die Schnappschüsse vom Tatort per Hauspost meinem Gedächtnis zuzustellen. Kurz: ich weiß von nix. Mattscheibe. Ich weiß nicht einmal, warum ich nach der grausigen Entdeckung einfach nach Hause gegangen bin, anstatt auf die Wachstube in der Ölweingasse; oder warum ich mir in der Küche eine Flasche Mezcal aufgemacht habe, anstatt 133 anzurufen und ordnungsgemäß Meldung zu machen.

Außerdem hab ich plötzlich bohrende Kopfschmerzen.

Brunner ist der ältere der beiden Ermittler und beweist Herzensbildung, indem er nicht gleich mit der Tür ins Haus fällt. Er will vorerst nur ein Autogramm für seinen Buben. Sein junger Kollege aber, der aussieht wie der Finalist eines Don-Johnson-Doppelgänger-Wettbewerbs, will rasche Antworten auf blöde Fragen.

„Was is das da?“ fragt er und schaut in das kombinierte Wohn-, Schlaf- und Arbeitszimmer, das sechzig Prozent meiner bescheidenen Bleibe ausmacht.

„Eine Übergangslösung“, sage ich.

Skocik zückt Filofax und Designer-Kuli und drängt sich an mir vorbei aus der winzigen Küche in den nur unwesentlich größeren Mehrzweckraum. Er kommt nicht weit. Wenn die Bettbank ausgeklappt ist, bleibt für drei erwachsene Menschen kaum Platz zum Stehen.

„Und Sie wohnen da?“ fragt er.

„Das ist richtig“, sage ich ihm ins Gesicht. Er weicht angewidert zurück.

„Sie wissen, daß Sie hier überhaupt nicht gemeldet sind?"

Ich weiß nur, daß es Menschen, die im Morgengrauen in meine Wohnung tanzen, mein Sexualleben torpedieren und ohne Rücksicht auf meinen desolaten Gesamtzustand solche Fragen stellen, wahnsinnig schwer haben, mich davon zu überzeugen, daß sie keine Arschlöcher sind.

Skocik bemüht sich erst gar nicht. Er blättert in seinem in schwarzes Leder gebundenen Zweithirn und wirft mir dann eine Adresse in Simmering an den Kopf, die ich vor sechs Jahren sozusagen bei Nacht und Nebel verlassen habe, und an die mich niemand, auch nicht ein Herr Skocik, ungestraft erinnern darf.

Seit jener schicksalsschweren Nacht wohne ich interimsmäßig und in Untermiete im ehemaligen Büro und derzeitigen Schallplatten- und Zeitschriften-Archiv des Trainers. Regale voll mit Tonträgern und Fachmagazinen. Eine Bettbank. Fernseher, Videorecorder, Telefon und ein Ghettoblaster mit den Ausmessungen eines mittleren Schrankkoffers. Was braucht man mehr zum Glücklichsein.

„Meldezettel-Kontrolle?" frage ich Skocik.

„Nix für ungut, Herr Doktor", antwortet Brunner. Seine respektvolle und kompetente Anrede hebt meine wirklich üble Laune. „Wir hätten nur gern ein paar Auskünfte. Sie kennen den Weinhofer Josef?"

„Weinheber Josef?"

„Wein-Hofer. Gastwirt. Betreiber des Cafe *Rallye*, Sechshauser Straße 38. Keine fünf Minuten von da. Sie kennen das Lokal?"

„Kenn ich."

„Und Sie verkehren dort?"

„Ich trinke."

„Regelmäßig?"

„Des öfteren."

„Zum Beispiel gestern?“ mischt sich Skocik in das angeregte Gespräch.

„Gestern nicht. Aber heute“, sage ich.

„Heute?“ Skocik blättert irritiert in seinem Filofax. „Heute ganz bestimmt nicht. Das geht ja gar nicht.“

„Zwischen zwei und drei Uhr früh is es noch gegangen“, sage ich. Skocik legt seine Denkerstirn in Falten. Brunner kann sich ein leises Schmunzeln nicht verkneifen, und ich beschließe, daß diese Runde ganz klar an mich gegangen ist. Jetzt nur nicht nachlassen. Die Herren wissen anscheinend ziemlich genau Bescheid. Warum sollte ich sie also nicht wissen lassen, was sie ohnehin schon wissen, und so vielleicht erfahren, was ich nicht mehr und noch nicht weiß?

Ich wende mich an Skocik, der sein Problem mit dem Gestern und Heute überraschend flink gelöst hat und mir andächtig sein Ohr leiht:

„Für Ihre Statistik: Ich hab ein kleines Bier, einen großen Fernet und zwei Scharlachberg getrunken. Das Bier und den Fernet hab ich bezahlt, die Weinbrände waren auf Haus. Zugegen waren außer mir der Herr Weinhofer Josef und zwei junge Männer, beide zirka 20, der Rudi und der Wickerl. Ihre Familiennamen kenne ich nicht. Aber ich nehme an, Sie werden sie mir gleich verraten und vielleicht auch den Grund Ihres Besuches.“

Skocik ist zufrieden: „Na sehn S', es geht ja!“ sagt er und schreibt in sein schwarzes Büchl. Brunner verrät mir unterdessen, daß der Rudi mit Familiennamen Luksch heißt und der Wickerl eigentlich Ludwig Auer.

„Der Auer Ludwig ist nur leider tot“, sagt er. „Erschlagen, erstochen oder beides. Die Gerichtsmedizin arbeitet dran. Der Täter hat sein Opfer jedenfalls quasi tranchiert und ausgenommen. Ich hab sowas noch nicht gesehen.“

Und ich sehe es wieder. Die aufgeschlitzte Kehle. Den Kopf, der fast abgetrennt vom Körper an der blutbespritzen

Auslagenscheibe lehnt. Das Hemd, das von der Brust bis zum Hosenbund offensteht. Den Schnitt, der vom Herz bis zum Nabel führt. Das in vielen Farben, aber vor allem in Rot schimmernde Gewirr von Organen und Gedärm, das aus der klaffenden Wunde quillt.

Brunner ist mir beim Hinsetzen behilflich. Das Tosen in meinen Ohren hört sich fast so unsympathisch an wie die Stimme seines jungen, herzlosen Kollegen:

„Und Sie waren einer der letzten, der den Auer lebend gesehen hat", sagt Skocik.

„Der Weinhofer Josef, der Luksch Rudolf und Sie, Herr Doktor.", sagt Brunner.

„Im *Rallye*. Gegen halb drei."

„Im Zuge eines Raufhandels."

„Im Zuge dessen der Luksch das Opfer mit einer Bierflasche attackiert und verletzt hat."

„Was Sie, Herr Doktor, an der Theke stehend beobachtet haben."

„Richtig?"

In mir kommt unter anderem der Verdacht hoch, daß Brunners Mitgefühl und Skociks Pampigkeit zusammengehören wie die Leiche zu ihrem Mörder. Die beiden Krimineser sind ein perfekt eingespieltes Team. Der Zarte und der Harte. Der Bulle mit Herz und das Designer-Arschloch.

Ich bestätige ihre Ausführungen durch ein mattes Kopfnicken und erfahre im Gegenzug, daß nicht ich, sondern die Besatzung der Funkstreife „Walter 2" den toten Wickerl gefunden hat. Die Identifizierung der Leiche war ein Kinderspiel, obwohl der Tote keine Papiere bei sich trug. Der Wickerl war den Streifenbeamten von der Wachstube Ölweingasse seit Jahren persönlich bekannt und in unangenehmer Erinnerung. Ruhestörung. Vandalismus. Leichte Körperverletzung. Eine Anzeige der Mutter wegen tätlicher

Drohung, die aber wieder zurückgezogen wurde. Ein kleiner Fisch halt, nicht einmal das: „Ein Gfrast, dem die strenge Hand des Vaters gefehlt hat“ (Brunner).

Die Kriminalisten mußten bloß, wie Hänsel und Gretel, der Fährte folgen, und Wickerls blutige Spur führte sie die Sechshauser Straße stadteinwärts genau bis vors *Rallye.* Die Befragung des Herrn Josef, der mit dem Rudi und seiner Schwester beim Frühstück saß, als Brunner und Skocik anklopften, brachte meinen Namen ins Spiel und eine erste krause Theorie:

„War das eine warme Gschicht, der Weinhofer mit den zwei Buben?“ erkundigt sich Skocik und macht mit seiner Frage das Unmögliche möglich: Ich kann wieder lachen.

„Der Täter ist entweder krankhaft eifersüchtig oder ein Wahnsinniger“, klärt er mich auf. „Und lustig ist das Ganze ganz bestimmt nicht.“

Ich pflichte ihm bei. Und entkräfte die Schwulen-Theorie so gut ich kann:

„Der Herr Josef hat den Rudi sozusagen adoptiert, als er vor fünf Jahren, am 23. Dezember war's und ich war zufällig auch da, zu ihm ins Lokal gekommen ist. Völlig aufgelöst. Fix und fertig. Er wollte telefonieren, hatte aber keinen Groschen Geld. Der Herr Josef hat sich mit ihm hingesetzt, und schön langsam hat der Rudi angefangen zu erzählen: Daß der Vater von der Weihnachtsfeier in der Firma voll fett heimgekommen ist und die Mutter angeflogen hat, die mit dem Rudi und seiner Schwester gerade den Christbaum aufgeputzt hat. Der übliche Wickel, die üblichen Watschen. Der Vater reibt auf, die Mutter weicht aus, stolpert und reißt im Fallen den Christbaum um. Da wird der Alte in seinem Rausch noch wütender, tritt ihr in den Bauch und schreit, daß eine Frau, die nix in ihrem Leben geleistet hat, außer zwei ohnehin depperte Kinder zur Welt zu bringen, auch keinen Anspruch auf einen Weihnachtsfrieden hat. Als der Vater noch einmal hintreten will, hat der Rudi den Schemel, auf dem der Christbaum gestanden ist, in der Hand und drischt ihn dem Alten ins Kreuz. Der Vater fällt um wie ein Stück Holz. Und der Rudi rennt. Rennt durch die Gegend. Zuerst glaubt er, der Alte ist hinter ihm her. Dann will er daheim anrufen, weil er Angst hat, der Alte ist tot oder bringt die Mutter um. Letztendlich hat dann der Herr Josef beim Rudi daheim angerufen. Da war grad die Rettung da. Der Vater war sechs Wochen im Spital, dann hat er seine Sachen abgeholt. Der Rudi hat nie mehr wieder mit ihm geredet. Und der Herr Josef kümmert sich seitdem um den Buben, als wär's sein eigener Sohn."

„Rührend", sagt Skocik, überhaupt nicht froh, daß seine schwule Lösung nicht so recht aufgehen will. „Ein richtiges Weihnachtsmärchen."

„Geh scheißen", sage ich leise.

Brunner pfeift seinen unerträglichen Junior-Partner mit einem strengen Blick zurück.

„Herr Doktor, machen wir uns doch nicht unnötig das Leben schwer", sagt er. „Der Kollege und ich sind seit vier in der Früh auf den Beinen. Und wenn Sie gesehen hätten, was wir gesehen haben ..."

„Apropos", startet der Kollege seine nächste Attacke, „Sie haben gesehen, wie der Luksch gegen seinen Spezl tätlich geworden ist, weil der ihn mit einem Messer bedroht hat. Warum?"

„Das hat der Wickerl nicht dazugesagt."

„Er hat nix gesagt?"

„Zumindest nix Wesentliches."

„Alles ist wesentlich, Herr Ostbahn!"

„Herr Doktor", seufzt Brunner, „was ist passiert, nachdem der Auer das Lokal verlassen hat, mit der Drohung wiederzukommen und den Luksch umzubringen? Ist ihm jemand gefolgt?"

„Nein."

„Der Wirt und der Luksch haben das Lokal also erst zusammen mit Ihnen verlassen, zirka eine Stunde, nachdem das Opfer gegangen war."

„Ja, kurz nach drei."

„Kennen Sie eine Firma, die *Media Sales* heißt?"

„Media was?", frage ich, überfordert von dem plötzlichen Themenwechsel.

„*Media Sales*", meldet sich Skocik. „Das ist englisch."

„Wie Au revoir. Ich weiß."

Skocik grinst gehässig.

„Noch nie gehört? Hat aber mit ihrem Metier zu tun." Skocik faltet einen Zettel auseinander, den er aus einer Plastikhülle in seinem Filofax gezogen hat. „Tonträger- und Video-Großhandel."

„Nie gehört.", sage ich. „Und was haben die mit dem Fall Wickerl zu tun?"

„Wir haben gehofft, daß Sie uns das sagen können", meint Skocik und überrascht mich erstmals nicht nur mit seiner schier grenzenlosen Präpotenz. „Laut diesem Lieferschein der Ihnen unbekannten Firma *Media Sales* haben Sie dort vorgestern groß eingekauft. CDs und Videocassetten für satte 25.000."

Er hält mir den Zettel unter die Nase. Da stehen tatsächlich mein Name, meine Adresse, eine Bestellung über mehr CDs und Videos, als ich in meinem ganzen Leben besessen habe, und drunter meine Unterschrift.

„Das gibt's nicht", sage ich. „Da stimmt was nicht."

„Naja. Vielleicht, daß Sie von der Firma *Media Sales* noch nie gehört haben?" triumphiert Skocik.

„Wann ich's Ihnen sag!"

Meine Kopfschmerzen werden unerträglich. Und wieder ist es Brunner, der mir zu Hilfe kommt.

„Ein Vorschlag, Herr Doktor", sagt er. „Sie denken in aller Ruhe drüber nach, und vielleicht, was weiß man, fällt es Ihnen wieder ein."

„Was?!" schreie ich, und die schrille Verzweiflung in meiner Stimme macht mir Angst. „Was soll mir einfallen?! Ich kenn die Firma nicht! Ich hab noch nie 25 Blaue für CDs und Videos ausgegeben! Ich kauf mir keine Platten! Ich krieg sie geschenkt! Und ich höre sie mir nur an, wenn es sich aus beruflichen Gründen nicht vermeiden läßt!"

Plötzlich bin ich auf den Beinen und vor dem Regal mit meiner bescheidenen Plattensammlung. Die Tonträger, die mir die Promotionabteilung meiner Plattenfirma gelegentlich zum Geschenk macht, stehen da alphabetisch geordnet, ungehört und noch in Plastik eingeschweißt.

Ich bitte Brunner und Skocik, sich mit eigenen Augen davon zu überzeugen, daß ein Musikant nicht zwangsläufig auch ein Musikliebhaber sein muß.

„Woher haben Sie den Wisch überhaupt?" frage ich Brunner.

„Aus der Hosentasche des Ermordeten", sagt er. „Aber wie gesagt, Herr Doktor: Denken Sie in aller Ruhe noch einmal nach."

Er gibt mir seine Karte mit der Telefonnummer, unter der ich ihn oder den Kollegen Skocik erreichen kann. Dann brechen die Herren auf.

„Was sind Sie eigentlich für ein Doktor?" fragt Skocik, schon in der Tür.

„Önologie", sage ich.

„Verstehe", sagt er.

Die Tür fällt ins Schloß. Und ich falle nach Einnahme der letzten Aspirin-Vorräte in einen tiefen, traumlosen Schlaf.

5

„Servas, Trainer“, sage ich auf den Anrufbeantworter, der mir vor dem Pfeifton lang und breit erklärt hat, daß weder der Trainer noch die Familie mit mir reden wollen, daß ich aber jederzeit eine Botschaft auf Band sagen oder faxen darf.

„Servas, Kurtl“, keucht der Trainer, der anscheinend doch mit mir reden will. „Ich bin ziemlich im Streß. Was gibt's?“

„Einen Toten.“

„Weiß ich. Roscoe Erheart. Slide- und Dobrospieler bei den Hill County Ramblers. Verkehrsunfall auf dem Weg zu einem Gig in Lubbock, Texas. Tragisch.“

„Ich erhöhe auf zwei Tote“, sage ich.

„Interessant“, sagt der Trainer nach einer kurzen Nachdenkpause. Daß ihm der Tod eines Musikanten entgangen sein könnte ist ihm gar nicht recht. Sein Informationsvorsprung geht ihm über alles.

In seiner Funktion als musikalischer Betreuer, Seelenmasseur und Rock-and-Roll-Nachschlagwerk auf Beinen ist er seit zehn Jahren bei jedem Konzert mit dabei und nimmt seinen Job dermaßen ernst, daß ihn in der Chefpartie längst niemand mehr mit seinem Namen anredet. Der Trainer ist der Trainer. Und wenn Sie mich jetzt auf die Schnelle fragen, wie er wirklich heißt, ich müßte ganz lang nachdenken und dann wahrscheinlich passen. Ich glaube ja außerdem, wenn er von einer Tournee heimkommt, bringen ihn Frau und Kinder erst wieder auf die Idee, daß er nicht Trainer heißt und auch einen Vornamen hat. Irgendwas aus dem Nibelungenlied. Nicht gerade Siegfried, aber fast so schlimm.

„Wen hat's noch erwischt, und vor allem wann?“ sagt er, einen leisen Anflug von Hoffnung in der Stimme, ich würde ihm einen bereits vor Monaten Verblichenen auftischen, dessen Nachruf, komplett mit Eckdaten und Discografie, er mir jetzt triumphierend runterbeten könnte.

„Ludwig Auer. Genannt Wickerl. Vormals Bassist bei 'Mom & Dead'. Ums Eck gebracht heute Nacht bei mir ums Eck in der Sechshauser Straße."

„Wie heißt die Combo? Mom & Dad? Wie Mamas & Papas?" ringt der Trainer um Kompetenz.

„Fast. Nur daß die Mama Alleinerzieherin weil verwitwet ist", sage ich.

„Interessant", sagt der Trainer, und das Klicken seines Zippo-Feuerzeugs macht die Pause nicht weniger peinlich. Ich mache dem grausamen Spiel ein Ende, indem ich dem Trainer meinen nächtlichen und frühmorgendlichen Alptraum in Kurzfassung durchgebe und ihn auf ein Bier beim *Quell* einlade.

„Grauslich", sagt er und meint, so wie ich ihn kenne, nicht das Bier. Dann hustet er in den Hörer, hält hustend Rücksprache mit seiner Frau und verspricht schließlich, in spätestens einer Stunde im Gasthaus *Quell* zu sein, maximal in eineinhalb, denn er muß vorher noch zum *Billa*, Katzenfutter, Cola und Hühnerschnitzel fürs Abendessen besorgen, und außerdem erwartet er einen dringenden Rückruf vom Kohlen-Güntl, unserem Ton- und Zahlmeister.

Der Trainer ist, wie gesagt, der Trainer, und der ist unbezahlbar. Aber er hat (mindestens) ein großes Problem: Er ist nicht wirklich flexibel und ständig pleite. Was mit seiner Lebensführung in den spielfreien Monaten zusammenhängen könnte. Da verbringt er die Tage nämlich damit, die hart verdiente Gage in Tonträgern, Videocassetten, Büchern und Zeitschriften anzulegen, und die Nächte, diese Anschaffungen – vorzugsweise simultan – zu konsumieren. Wenn dann die Einnahmen aufgebraucht sind (und das geht rasend schnell), verbringt er die Tage und Nächte damit, seinen Computer mit den eventuell gewonnen Erkenntnissen seiner Studien zu füttern und dem Kohlen-Güntl Vorschüsse auf die nächste Tour aus dem Bauch zu leiern. Denn seine Forschungsarbeit, argumentiert der Trainer, muß weitergehen, darf nicht an Profanem wie einem gesperrten Girokonto oder einer am Hungertuch nagenden Familie scheitern.

Die drei Themenkreise, die er unermüdlich und im Dienste der Chefpartie beackert, sind: Musik, Mord und Totschlag. Wenn die neue Spielsaison naht, weiß der Trainer nicht nur absolut Bescheid über Kondition, Spielerwechsel und Taktik sämtlicher um den Meistertitel mitspielenden Combos des In- und Auslandes, er verwöhnt uns während der stundenlangen Busfahrten auch mit verwirrenden Inhaltsangaben von Dirty-Harry-Filmen, James-Ellroy-Romanen oder schwarzweißen Fernsehkrimis („Das Halstuch“, „Stahlnetz“). Nach einem besonders gelungenen Konzert belohnt der Trainer die Mannschaft an der Hotelbar oft auch mit haarsträubenden Fallstudien amerikanischer Massenmörder und Serienkiller. Hiebei stützt er sich auf die kriminalhistorischen Arbeiten seines Freundes Doktor Trash, eines Privatgelehrten und Misanthropen, der von seinem Hauptquartier in der Kirchengasse via Fax-Modem nicht nur mit dem Trainer sondern auch direkt mit der Datenzentrale des Leibhaftigen in Dauerkontakt steht. Die dürfte am ganz anderen Ende der Welt untergebracht sein, denn der Doc und der Trainer haben, abgesehen von ihrer gemeinsamen Leidenschaft für das Böse, nur ein Thema: die unerschwingliche Höhe ihrer Telefonrechnungen.

Der Kohlen-Güntl, ein knallharter Rechner und Pragmatiker, sieht übrigens keinen unmittelbaren Zusammenhang zwischen Sex & Crime und Favoritn & Blues, und will die Privatinteressen des Trainers nur dann weiter aus der Bandkasse finanzieren, wenn dieser seinen Computer vermehrt in den Dienst der Allgemeinheit stellt.

Ein schlauer Schachzug, dem Sie, geneigter Leser, anmutige Leserin, diese Aufzeichnungen letztendlich zu verdanken haben. Denn natürlich sitze ich zur Abfassung dieser Zeilen nicht an einer Schreibmaschine, wie das der Poet und Dichter tut, sondern liege auf meiner Bettbank und rede halblaut vor mich hin. Das Cassettenteil meines Ghettoblasters nimmt alles zu Protokoll, und der Trainer hat die schöne aber auch schwere Aufgabe, vermittels seines Computers aus meinen Ausführungen etwas halbwegs Lesbares zu machen.

Heute brauche ich dringend den Rat und Zuspruch eines Fachmanns. Und die Umständlichkeit des Trainers geht mir auf die Nerven.

„Vegiß den *Billa*, vergiß den Kohlen-Güntl“, sage ich. „Die Lage ist ernst. Ich glaub, ich hab mein Gedächtnis verloren. Oder du hast dir auf meinen Namen einen Container voll Platten und Videos gekauft. Oder wir haben ein Problem, das mit dem Wickerl-Massaker seinen Anfang genommen hat und uns noch in des Teufels Küche bringen wird.“

„Wieso uns?“, fragt der Trainer.

„Uns!“ sage ich und weiß auch nicht wieso.

„Bin gleich da. In zehn Minuten. Maximal.“

6

Als ich gegen sechs, also etwas verspätet, aus dem Haus komme, fängt es zu regnen an. Aber alles ist gut. Denn zum Gasthaus *Quell* sind es nur ein paar Schritte, und vor dem Lokal parkt die froschgrüne Rostlaube des Trainers.

Der wider Erwarten pünktliche Partieführer sitzt an meinem Lieblingstisch neben dem Kachelofen und ist mit seinem zweiten Bier, einem kleinen Gulasch und der Abendausgabe des *Kronenblattes* beschäftigt.

„Die Titelseite hat er nicht geschafft, aber eine Doppelseite im Lokalteil is auch kein Schas", begrüßt mich der Trainer und schiebt mir die Zeitung über den Tisch. Er tunkt den Gulaschsaft so genüßlich mit einem Salzstangerl auf, daß ich alle guten Vorsätze und die letzten Reste meiner Übelkeit vergesse und statt des magenschonenden Hagebuttentees ein großes Gulasch mit einem ebensolchen Bier in Auftrag gebe.

Das *Kronenblatt* stellt sich die Frage, ob der „bestialische Mord an jungem Rockmusiker" vielleicht das „Werk eines Wahnsinnigen" war. Ich stelle mir die Frage, ob das Foto vom Wickerl vor oder kurz nach seiner Firmung aufgenommen wurde. Und der Trainer stellt mir die Frage, ob der Wickerl, wie seine völlig gebrochene Mutter gegenüber der *Krone* erklärt, tatsächlich so „ein schwieriges, in sich gekehrtes Kind" gewesen ist, „das sich seiner Umwelt nur durch seine laute Musik mitteilen konnte".

„Naja", sage ich. „Ich hab ihn immer nur im Zustand der mittleren bis schweren Ölung erlebt, und da ist er mir durch seine penetrant laute Art aufgefallen."

„Von wessen Ölung sprichst du?" sagt der Trainer und macht sein Erik-Ode-Gesicht. Wohlwollend, aber nicht ohne leisen Vorwurf. Und vor allem so widerlich selbstzufrieden.

„Weißt was, Trainer", sage ich. „Halt die Goschen."

Prompt ist er eingeschnappt. Modell Clint Eastwood. Er raucht sich die zirka dreiundneunzigste Flirt Filter des Tages an, bläst mir den übel riechenden Rauch seines Unkrauts ins Gesicht und preßt dann zwischen den zusammengepreßten Lippen hervor, daß es an sich nicht seine Art sei, über eine Stunde zu warten, um sich dann blöd anfliegen zu lassen.

„Dafür is mir meine Zeit zu schad", sagt er, hält demonstrativ nach dem Quell-Poldl Ausschau, vermeidet es aber, laut „Zahlen!" zu rufen und so unser Arbeitsessen vorzeitig zu beenden.

Wie man sieht, ist die Beziehung zwischen dem Trainer und mir nicht ganz streßfrei. Aber sie funktioniert. Länger als die österreichische Durchschnittsehe. Was ich von 90 Prozent der Beziehungen, in die ich im Laufe meines langen, bewegten Lebens hineingeraten bin, nicht behaupten kann. Aber das ist eine andere Geschichte.

Der Trainer ist heute ganz Mimose, und das verlangt nach Samthandschuhen.

„Der Wickerl war 365 Tage im Jahr so wie du bei Vollmond", sage ich. „Großgoschert, streitsüchtig, aggressiv, unberechenbar. Ein extremer Quäler."

„Verstehe", sagt der Trainer, und zum noch besseren Verständnis erzähle ich ihm, was der Rudi über die letzten Wochen des toten Wickerl zu erzählen wußte.

„Interessant", sagt der Trainer. „Da müssen wir nachhaken."

„Wozu?"

„Weil das mit unserem Problem zu tun hat."

„Die 20 Blauen für eine schöne Leich, die er seiner Mama gefladert hat? Und der Poltergeist, der zusammen mit den Motörhead aus dem kaputten Radio gefahren ist?"

„Richtig." Der Trainer macht einen großen Schluck,

wischt sich den Bierbart von der Oberlippe und schenkt mir sein Siegerlächeln.

Ich bin dem Quell-Poldl ewig dankbar für sein perfektes Timing. Er kommt mit dem großen Gulasch und einem Körberl Gebäck genau in dem Augenblick an unseren Tisch, als ich dem Trainer die Frage stellen will, die ihn garantiert sofort und für unbestimmte Zeit zum Abbruch unserer gutfreundschaftlichen Beziehungen veranlaßt hätte: Liegt es im Bereich des Möglichen, hätte ich ihn beinahe gefragt, daß einer deiner Scheißcomputerviren auch das menschliche Gehirn befallen und in den grauen Zellen eines Menschen wie du und ich urplötzlich und ohne Vorwarnung heimtückische Verwirrung, geistige Umnachtung und hochgradigen Schwachsinn auslösen kann?

So aber sage ich nur „Super!“ zu dem extra großen Gulasch, einer der Spezialitäten des Hauses, und „Scheiße!“ als mir der Wirt eröffnet, daß ich am Telefon verlangt werde.

„Der Herr Josef vom *Rallye*. Soll ich Dir das Gulasch einstweilen warmstellen, Kurtl?“ fragt der Quell-Poldl, wie immer um mein leibliches Wohl besorgt. Ich bitte ihn darum und auf dem Weg zur Telefonzelle danke ich den zuständigen Göttern, daß sie mich zumindest gastronomisch so verwöhnen.

„Der Herrgott ist ein Musterwirt“, lautet eine alte Operettenweisheit. Demnach ist der Besitzer des Gasthaus *Quell* sein leiblicher Sohn. Er vollbringt wahre Wunder in Küche und Keller. Und das Service ist unerreicht. Vorausgesetzt, der Gast weiß die Deftigkeit der traditionellen Wiener Küche und den herben Charme der westlichen Vororte zu schätzen. Wenn zu mitternächtlicher Stunde der *Quell* seine Pforten schließt und mit Ansteigen des Alkoholpegels die Ansprüche sinken, ist es nur einen Katzensprung ins Café *Rallye*, wo der Herr Josef auf seine unnachahmliche Art für die Erbauung seiner Gäste sorgt.

„Tschuldigen die Störung, Herr Kurt“, brüllt es aus dem Hörer, „Weinhofer spricht, der Herr Josef!“

Im Hintergrund plärren Nazareth „Love Hurts“ aus dem *Rallye*-Wurlitzer. Das ist eine von zwei Dutzend Singles, die vor drei Jahren im Zuge einer verlorenen Wette den Besitzer gewechselt haben. Weder der Herr Josef noch ich wissen, was der Grund unserer Wette war, wir sind uns auch nicht wirklich sicher, wer sie tatsächlich verloren hat, Tatsache ist aber, daß ewige Werte wie „Let’s Spend The Night Together“, „Whole Lotta Love“, „Atlantis“, „Alright Now“, „Oye Como Va“ (der Herr Josef sagt immer „Oide, kumm oba“ und lacht), und „Ollas wos i brauch“, mein einziges Exemplar meiner ersten, seit gut 18 Jahren vergriffenen Single, über Nacht von meinem Plattenregal in seinen Musikautomaten übersiedelt sind. Aber dort werden sie wenigstens regelmäßig abgespielt, vorausgesetzt der Herr Josef hat mehr als drei Gäste.

„Es is wegen dem Wickerl! Schrecklich!“ brüllt er weiter gegen Nazareth an. „Der Rudi is grad bei mir. Und er hat was gfunden, das sollten Sie sich anschauen, Herr Kurt. Ich mein, wann’s Ihnen nicht ungelegen kommt, einen Sprung vorbeizuschauen. Weil der Rudi und ich kennen uns da nicht so aus.“

„Was hat der Rudi gefunden?“

„Bei mir in der Schupfen, im Hof, Sie wissen schon, Herr Kurt.“ Ich weiß wieder einmal gar nichts, und der Zustand geht mir schön langsam auf die Nerven. Aber ich verspreche dem Herrn Josef, nach dem Verzehr meines Gulasch vorbeizukommen und eine Fachkraft mitzubringen.

„Mahlzeit, Herr Kurt!“ schreit der Herr Josef dankbar in den Hörer.

„Lokalwechsel!“ schlage ich dem Trainer vor, der sich in meiner Abwesenheit mit dem Kreuzworträtsel des *Kronenblattes* beschäftigt hat. Mit mäßigem Erfolg.

„Ich hab um halb neun einen wichtigen Termin“, sagt er.
„Kein Problem“, sage ich.
„Bist Du sicher?“
„Ziemlich.“
„Okay, vergiß es. Ohne mich“, winkt er ab.
Zwei Biere später beschließt er, den Termin sausen und seine froschgrüne Rostschüssel stehen zu lassen und mich im Regen ins *Rallye* zu begleiten.
So ist er, der Trainer. Umständlich, aber verläßlich.

7

Wenn der „Monte Carlo“-Flipper mit seiner Kundschaft zufrieden ist, dann rumpelt, klappert und klingelt er ganz besonders laut. Heute ist er in Hochstimmung. Das freut die antike Jukebox, und sie läßt auf ihre alten Tage dezibelmäßig die Muskeln spielen. Ein baßlastiges „Lola“ erfüllt das bis auf den letzten Stehplatz gefüllte Lokal mit nervtötendem Wummern.

So hab ich das *Rallye* noch nicht erlebt. Und so mag ich es auch nicht. Aber der ewige Kreislauf unseres Daseins nimmt darauf keine Rücksicht: Der Tod des Wickerl Auer hat dem komatösen *Rallye* neues Leben eingehaucht. Die wenigen alten Stammgäste sind da und viele neue Gesichter. Und alle sind sie in froher Erwartung blutiger Details. Aber der Rudi hinter der Schank und der Herr Josef, der zwischen den Tischen rotiert, sind mit dem Ausschenken und Servieren dermaßen ausgelastet, daß für mörderische Anekdoten keine Zeit bleibt.

In der Zeitung wurde die *Rallye*-Connection nicht erwähnt, aber die Anrainer wissen natürlich längst Bescheid. Kleine Gewerbetreibende und eine Schwadron rüstiger nimmermüder Pensionistinnen und Rentner haben in der

Gegend ein Kommunikationsnetz aufgebaut, dem Tageszeitungen, Funk und Fernsehen weder im Tempo noch in der Gründlichkeit der Recherche das Wasser reichen können.

Angenommen, Sie schleppen Ihre müden Knochen gegen fünf Uhr früh von einer wichtigen geschäftlichen Verpflichtung nach Hause und es ereilt Sie auf offener Straße ein heftiger Hustenanfall, dann können Sie sicher sein, daß bereits wenige Stunden später in hunderten Haushalten Ihr Todesurteil Frühstücksgespräch ist: Kehlkopfkrebs. Der macht's nimmer lang.

Ich gehe in meiner Gasse zirka ein Dutzend Mal im Jahr über den Jordan. Todesursache ist in den meisten Fällen eine unheilbare Erkrankung der Atemwege. Und ein Mal bin ich am eigenen Erbrochenen erstickt.

„Danke, Herr Kurt", keucht der Herr Josef. „Ah, und der Herr Trainer. Grüß Sie!"

Ich bewundere den Herrn Josef für sein phänomenales Personengedächtnis. Er erkennt den Trainer sofort wieder, obwohl er ihn seit mindestens drei Jahren nicht mehr gesehen hat.

Der Trainer war nur zwei Mal im *Rallye*. Ein erstes und ein letztes Mal, kommentierte er diese Erfahrung. Unzufrieden zeigte er sich vor allem mit dem hygienischen Zustand der Toilettanlagen. Laut Trainer holt man sich bereits beim bloßen Betrachten der Klobrille den Tripper. Was ich so nicht bestätigen kann. Obendrein hegt er Zweifel, daß der Schankbereich einer lebensmittelpolizeilichen Überprüfung standenhalten kann. Dagegen würde ich nicht mein letztes Hemd verwetten wollen. Und trotzdem verdient das *Rallye* ein milderes Urteil, als das des Trainers:

„Ein grindiges Tschocherl", raunt er mir zu. „Wobei sollen wir da helfen? Beim Putzen?"

Die Antwort, die mir auf der Zunge brennt, hätte garantiert wieder katastrophale Folgen, aber diesmal beweist der Herr Josef perfektes Timing, indem er dem Trainer und mir zwei große Bier in die Hand drückt und mit dem Kopf in Richtung Hinterzimmer deutet.

„Der Rudi geht mit Euch“, sagt er und mahnt im gleichen Atemzug drei Teenager zur Ruhe, die vom „Rälli“ noch eine Runde Baucherln und die amtliche Bestätigung haben wollen, daß „Mom & Dead“ nach dem Tod des Wickerl mit einem neuen Bassisten weitermachen werden.

Der Rudi verläßt seinen Posten hinter der Schank und führt uns durch das Hinterzimmer und die Toilettanlagen hinaus in den Hof. In einem mit Teerpappe geflickten Holzschuppen, in dem seinerzeit die Pferdefuhrwerke des Hausherrn untergestellt waren, lagert der Herr Josef sein Leergut, ausgedientes Mobiliar und eine Tiefkühltruhe, die, seit ich ihn kenne, darauf wartet, repariert zu werden. Dann wird er auch wieder die Eisspezialitäten von *Eskimo* ins Sortiment nehmen, obwohl: „Die paar Schlecker für die Kinder sind ja auch kein Gschäft.“

„Scheiße“, murmelt der Rudi. Er findet in der Dunkelheit mit dem Schlüssel nicht ins Vorhängschloß. Der Trainer kommt ihm mit seinem Zippo zu Hilfe.

„Immer mit der Ruhe, Rudi. Wir haben Zeit“, sage ich.

„Bis halb neun“, mault der Trainer.

„Der Wickerl muß das Schloß ruiniert haben“, sagt der Rudi. Der Trainer nimmt ihm den Schlüssel ab und versucht sein Glück.

„Was hat der Wickerl in der Schupfen zu suchen gehabt?“ frage ich.

„Die war sein Depot. In der letzten Zeit“, sagt der Rudi. „Dem Josef war das eh nicht recht. Aber der Wickerl hat gsagt, es is nur vorübergehend.“

Der Trainer öffnet Schloß und Tür und läßt Rudi den Vortritt. Der knipst das Licht an, und der matte Schein des russischen Lusters fällt auf die Ruinen einer *Marshall*-Baßanlage.

„Dahinter", sagt der Rudi und quetscht sich an Bierkisten und *Marshall*-Boxen vorbei in den hintersten Winkel des muffigen Schuppens.

Seine Anlage, erklärt der Rudi, hat sich der Wickerl nach dem Bruch mit den drei anderen Bandmitgliedern von „Mom & Dead" hierherschaffen lassen. Das war so ausgemacht, und der Rudi hat die desolaten Trümmer auch brav aus dem Bandbus geladen und in den Schuppen geschleppt.

Und vorgestern, nachdem er einige Tage verschwunden war, ist der Wickerl plötzlich aufgetaucht, mit seinem neuen Wagen, an dem nichts neu war außer einem „Born to ride"-Aufkleber, der ein Skelett in Lederjacke auf einer Harley Davidson zeigt. Aus dem Kofferraum des Schrotthaufens hat der Rudi, obwohl das nicht ausgemacht war, die drei Bananenkisten ausgeladen und hinter den Lautsprecherboxen im Schuppen übereinandergestapelt.

„Der Josef hat nix davon gewußt", sagt der Rudi, als wir vor den Pappkartons stehen. „Ich hab's ihm heute erzählt, nachdem die Polizei da war. Dann haben wir nachgschaut. Aber Du kennst dich mit Platten besser aus, Kurtl."

Ich übergebe fliegend an den Trainer. Er darf die erste Kiste öffnen und sein Fachwissen in den Dienst der Verbrechensaufklärung stellen.

Die Bananenkiste ist vollgepackt mit CDs. Die silbernen Scheiben wurden allerdings nicht sachgemäß transportiert und gelagert. Sie kamen ohne Cover oder Hartplastikhülle.

„Interessant", sagt der Trainer, nachdem er ein Dutzend Stichproben genommen hat. „Whitney Houston."

„Sehr interessant", sage ich.

„Ausschließlich Whitney Houston", sagt der Trainer.

„Du bist der Experte", sage ich, „und ich will mich da gar nicht einmischen. Aber eines weiß ich: Auch wenn die

Dame ein fleißigerer Mensch sein sollte als ich, so viele Platten kann sie in diesem Leben nicht gemacht haben."

„Das sind mindestens tausend Exemplare ihrer letzten Platte. Fabriksneu. Ganz frisch", murmelt der Trainer und kontrolliert weiter.

„Und was macht der Wickerl damit?" stellt mir der Rudi die Elferfrage.

„Was macht man mit tausend Whitney-Houston-Platten, Trainer? Ohne Hülle und beigepacktem Poster haben die ja nur Materialwert."

Der Trainer ist nicht zu sprechen. Er wuchtet die oberste Bananenkiste vom Stapel und öffnet die zweite. Wieder jede Menge Silberscheiben, und ein halbes Dutzend Videocassetten.

„Auch Whitney Houston? Das Video zur Platte?" frage ich.

Der Trainer studiert die schwarzen Cassettenhüllen. Kein Cover, kein Titel, nichts. Er klappt eine auf. Kein Etikett auf der Cassette. Nur ein länglicher roter Aufkleber. Der Trainer hält die Videocassette hoch.

Auf dem Sticker steht „Promotional Copy – Not for Sale!"

„Sehr interessant", findet der Trainer.

„Was ist damit?" will der Rudi wissen.

„Das ist ein unverkäufliches Muster", doziert der Trainer. „Wird zu Rezensions- oder Werbezwecken vom Hersteller an Medienpartner und Multiplikatoren verteilt."

„Also nicht an Leute wie den Wickerl", sage ich.

„Aha", sagt der Rudi, und nach einer Pause: „Und wie kommt der Wickerl an solche Sachen?"

„Zum Beispiel durch einen Bruch", sage ich. „Zum Beispiel bei einer Firma namens *Media Sales*."

Der Rudi schaut mich mit großen Augen an, während der Trainer der dritten Bananenkiste neben einigen Warenproben einen gelben Umschlag entnimmt, eine Handvoll Zettel herausfischt und sie mit gerunzelter Stirn durchsieht.

„Aber der Wickerl würde doch nie einen Einbruch machen, Kurtl“, sagt der Rudi. „Du kennst ihn doch. Der kann sowas doch gar nicht.“

„Nicht mehr“, sage ich, um nicht weiter Dinge erklären zu müssen, die ich nicht erklären kann.

„Nicht mehr“, kommt Rudis trübes Echo.

Er schüttelt nur immer wieder den Kopf. Ich tu’s zwar nur im Geiste, aber auch ich verstehe die Welt nicht mehr. Eben war alles noch ganz einfach: Der Wickerl hat allein oder mit seinen teuflischen neuen Freunden bei einem Plattengroßhandel eingebrochen, hat die Beute, einen Teil der Beute oder seinen Anteil an der Beute (für den man sich allerdings keine Harley kaufen kann) im Schuppen des Herrn Josef versteckt, und ehe er Whitney Houston in Bild und Ton am Flohmarkt unters Volk bringen konnte, hat ihn jemand irrtümlich massakriert. Oder es war kein Irrtum, sondern seine neuen teuflischen Freunde, die nicht mit dem Wickerl teilen wollten, oder es waren seine neuen teuflischen Freunde, weil er nicht mit ihnen teilen wollte.

Soweit die Fernsehkrimifassung. Was mir der Trainer wortlos in die Hand drückt, sprengt jedoch die Derrick-Dramaturgie, bei der ich mich auskenne und wo ich auch mitreden kann.

Ich meine: Was soll ich mit Lieferscheinen der Firma *Media Sales*, ausgestellt vor drei Tagen über CDs und Videocassetten im Wert von jeweils zwanzig bis dreißig Tausend auf die Namen Leopold Karasek, Mario Adretti, Karl Horak, Eduard Jedelsky, Elfriede Tomschik, Tobias Kern und Christian Nagy?

Warum haben ich, die Chefpartie (minus Frau Marschall) und die Überreste von „Mom & Dead“ plötzlich ihre Liebe zu Whitney Houston entdeckt und sich ihre letzte Platte gleich in hundertfacher Ausführung (plus unverkäufliches Video) angeschafft?

Was haben die Lieferscheine im Schuppen des Herrn Josef und in der Hosentasche des toten Wickerl zu suchen?

Wieso weiß ich nichts von meiner neu entflammten Liebe zu Whitney Houston? Und hätte mir der Herr Dipl. Ing. Jedelsky bei unserem Telefonat heute am späten Nachmittag nicht diesbezüglich sein Herz ausgeschüttet?

Wieso ist unsere Frau Marschall nicht Kundin von *Media Sales*? Liegt das daran, daß sie drei Monate außer Landes weilt?

Wieso haben sämtliche Mitglieder der Chefpartie als Lieferadresse die Anschrift von Ton- und Zahlmeister Kohlen-Güntl angegeben und den Erhalt ihrer Whitney-Houston-Überdosis nicht mit ihrer Unterschrift bestätigt, sondern mit offensichtlich vom Beipackzettel unserer „A blede Gschicht ...“-Platte abgepausten Autogrammen?

Und wieso, verdammt noch einmal, habe ich die vielen schönen Platten, für deren Bezahlung mir die Firma *Media Sales* kulanter Weise ein Zahlungsziel von 30 Tagen einräumt, nicht seit vorgestern bei mir daheim auf Lager, wo sie hingehören, weil ich damit Frisbee spielen will oder Anmäuerln oder was noch viel Intimeres, das keinen Menschen was angeht?

Fragen über Fragen, die mir auch der Trainer im Moment nicht beantworten kann.

„Kennst Du eine Elfriede Tomschik?“ fragt er den Rudi.

„Die Donna? Klar. Warum?“

Ich mache den Trainer auf die Schnelle mit der übrigen Besetzung von „Mom & Dead“ vertraut, mit Tobias „Tobi“ Kern am Schlagzeug und mit Christian Nagy, genannt der Gschwinde, an der Gitarre. Er habe sowas ähnliches vermutet, meint der Trainer. Und ich weiß nicht, was er damit meint.

„Euer Wickerl“, sagt er, „hat mit, für oder ohne das Wissen von *Media Sales*, auf jeden Fall aber auf eure Kosten eine gröbere Linke gedreht.“

„Und daran ist er gestorben“, sage ich.

„Möglich“, sagt der Trainer. „Ich nehme mir ein paar CDs mit nach Hause und schau sie mir genauer an. Und die Videocassetten. Die können wir auf unseren Geräten nicht abspielen, Kurtl. Das sind NTSC-Bänder, amerikanisches Format. Aber der Doc hat einen NTSC-Recorder. Ich ruf ihn gleich von drüben an. Übrigens: Wo steht dem Wickerl sein Wagen?“

„Weiß nicht“, sagt der Rudi. „Aber irgendwo in der Nähe. Weil die Schlüsseln sind in seiner Jacke.“

„Und wo ist seine Jacke?“

„Drüben. Am Haken. Da hab ich sie selber hingehängt, in der Nacht. Aber ...“

„Und die Polizei hat nicht danach gefragt?“ frage ich.

„Nein. Die haben nur dem Wickerl sein Messer mitgenommen, wegen irgendeiner Untersuchung. Aber was sind das für Rechnungen? Und was hast du damit zu tun, Kurtl? Und die Donna? Und die Partie?“

„Später“, sage ich. „Zuerst brauch ich ein Achtel, und dann erklär ich dir alles.“

Eine Notlüge, der man das eine oder andere Achtel folgen lassen wird, bis es dann irgendwann zu spät ist für die Wahrheit. Ehrlich: Was hätte der Rudi davon, wenn ich ihm jetzt erkläre, daß die ganze Angelegenheit einen erholungsbedürftigen Musikanten meines Jahrganges mental und überhaupt überfordert? Soll ich dieses zerrüttete halbe Kind etwa mit meiner bitteren Erkenntnis belasten, daß ich nie in das Elendsquartier des Trainers hätte ziehen dürfen? Denn dann hätte es mich nie ins *Rallye* verschlagen und niemand, kein Wickerl und keine Firma *Media Sales*, hätten mir jemals eine Bananenkiste voll Whitney Houston verkaufen können. Nie im Leben. Und alles wäre gut und schön und wie es sich gehört.

„Das ist die Wahrheit", sage ich halblaut vor mich hin.

„Was?" fragt der Trainer aufgeregt.

„Ich glaub, ich krieg eine Grippe", sage ich.

„Alles psychosomatisch", sagt der Trainer.

Er muß es ja wissen.

„Trink ein Achtel", sagt der Rudi.

8

„Sonny" Skocik ist seit unserer ersten Begegnung, heute im Morgengrauen, um mindestens zwanzig Dienstjahre gealtert. Er parkt an der Theke, und der Herr Josef stellt eben einen großen Kaffee und ein Achtel Rot vor ihn hin.

Ich habe keine Gelegenheit mehr, den Trainer zu warnen. Und so kollidiert er beinah mit Brunner, der auch noch nach 16 Stunden Ermittlungsarbeit relativ frisch und munter wirkt.

„Abend, Herr Doktor", sagt er, als ich mit dem Trainer und dem Rudi aus dem Hinterzimmer komme. Der Rudi verdrückt sich hinter die Theke. Und der Trainer steht, bepackt mit Videocassetten und CDs, ziemlich im Regen.

„Ein Kollege von Ihnen?" fragt Brunner.

„Der berüchtigte Trainer", sage ich und wünsche mir dringend, das Leben wäre ein interaktiver Videofilm. Dann könnte ich die heikle Szene zurückspulen und die genußvollere Variante wählen: Nicht Brunner und Skocik, sondern sagen wir zum Beispiel Tamara stünde an der Bar, rote Pumps und rotes Haar, ein Glas Schaumwein in der Hand, mit dem sie mir vielsagend zuprostet.

Aber der Trainer hält sich wacker. Ihm fällt, im Gegensatz zu mir, sogar sein voller Name ein, also stellt er sich

Brunner vor und bittet ihn mit einer Kaltschnäuzigkeit, die ich ihm nicht zugetraut hätte, ihm beim Abstellen seiner schweren Last behilflich zu sein.

Brunner packt zu und stapelt die Cassetten neben Skocik auf die Theke.

„Na, Herr Doktor", plaudert er dabei weiter, „ist uns schon was eingefallen?"

„Nix Richtiges", sage ich.

„Alles ist wichtig", sagt Skocik mit der Stimme einer heiseren Sprechpuppe.

„Richtiges", beiße ich zurück.

„Egal", sagt Brunner. „War nur eine Frage. Weil uns der Zufall grad wieder zusammengeführt hat. Sie haben ja meine Nummer." Er überlegt, wie Inspektor Colombo immer überlegt, wenn er ganz genau weiß, was er wissen will.

„Was mich jetzt am Heimweg noch einmal hergeführt hat, ist ja eigentlich der Umstand, daß der Auer bei der Kälte in Hemdsärmeln aufgefunden wurde. Herr Doktor, was hat er angehabt, als er Hals über Kopf zur Tür hinaus ist?"

„Hmm", sage ich. „Schwere Frage. Lassen S' mich überlegen ..."

„Herr Luksch!" fährt er den blassen, zitternden Rudi an. „Was hat er angehabt, der Wickerl? Seine Jacke?"

„Jacke?" echot der Rudi, als hätte er das Wort soeben das erste Mal in seinem Leben gehört.

„Vielleicht hat sie der Mörder mitgenommen?" versucht der Trainer von Rudi abzulenken.

„... der Mörder mitgenommen." Jetzt ist es an Skocik, mit matter Automatenstimme das Echo zu liefern. „Der Mörder mitgenommen ... Vom Tatort?"

Brunner hält nicht viel von der Theorie des Trainers.

„Den Täter können wir leider noch nicht fragen", sagt er. „Also streng dich ein bißl an, Rudi!"

„Jacke“, sagt der Rudi noch einmal.

„Oder Mantel, oder Joppe oder was weiß ich“, wird Brunner plötzlich laut.

„Anorak“, helfe ich aus und ernte dafür einen Giftblick.

„Weiß nicht“, sagt der Rudi. „Aber ich glaub, der Wickerl hat keine Jacke gehabt, wie er gestern da war.“

„Vielleicht hat er sie im Auto gelassen“, biete ich Brunner an. Und habe Erfolg.

„Der Auer hat einen Wagen?“

„Ja. Neu“, sagt der Rudi.

„Seit wann?“ meldet sich Skocik eine kleine Spur munterer.

Rudi zuckt die Achseln. Ich zucke die Achseln. Also zuckt auch der Trainer die Achseln und meint, etwas aus dem Zusammenhang, daß er jetzt dringend telefonieren müsse.

„Von welchem Geld hat sich der ein Auto gekauft?“, fragt sich Brunner. „Der hat doch nix. Der is doch stier. Oder?“

Beinah sage ich: vom Geld, das seine Mutter für ihr Begräbnis angespart hat und jetzt für den Wickerl sein Begräbnis gut hätte brauchen können.

Aber dann zucke ich nur noch einmal die Achseln. Ich will den polizeilichen Ermittlungen nicht vorgreifen.

9

Sie ist die größte Sensation, die je das *Rallye* betreten hat. Jeder der noch Anwesenden findet das. Also der Herr Josef, der plötzlich eine Agilität und Charmanz an den Tag legt, die angesichts seines extrem harten und langen Arbeitstages ans Übermenschliche grenzt; dann der Rudi, dem beim Gläserwaschen immer wieder die Augen zufallen, der jedoch sofort wieder putzmunter ist und wie ein frischlackiertes Hutschpferd grinst, wenn die Sensation ihre sensationellen Beine übereinanderschlägt oder ihr sensationell hinreißendes Lachen hören läßt; und schließlich der Herr Doldinger aus dem Nebenhaus, ein alter Stammgast und pensionierter E-Werker, der jetzt zwar an seinem Tisch eingeschlafen ist, aber noch vor einer halben Stunde das letzte Mal ein Kompliment quer durchs Lokal gesagt hat, das mit den Worten begann: „Also wann i heut noch einmal zwanzig wär, Gnädigste ..." Der Rest blieb jedes Mal unverständlich, weil der Herr Doldinger seine Zähne daheim vergessen und den einen oder anderen weißen Spritzer zu viel getrunken hat.

Es ist kurz nach zwei, die Sensation heißt Marlene und sitzt mir gegenüber, an meinem Stammtisch neben der Jukebox. Der Herr Josef bringt mir seit geraumer Zeit nur noch jedes zweite georderte Achtel, nachdem ich seinen väterlichen Rat, mich ein bißl einzubremsen („Sonst sind S' vor der Zeit fett, Herr Kurt"), lange ignoriert und den Grünen Veltliner im Sturztrunk hineingeschüttet habe. Aber mit einer Frau wie Marlene als Gegenüber läßt sich das kaum vermeiden. Da schreien die staubtrockene Kehle und die inneren Hitzen geradezu nach der lindernden Kühle des Rebensaftes.

Als Marlene vor zirka zwei Stunden ihren großen Auftritt hatte, war nicht mehr viel Publikum im *Rallye.* Nur noch der harte Kern, sozusagen. Der große Rest war abgezogen. Betrunken oder enttäuscht, nicht einmal den Anflug eines Blutbades miterlebt zu haben. Der zähe Brunner hatte seinen angeschlagenen Don-Johnson-Imitator längst abtransporiert, nicht ohne mir vorher noch zu verraten, daß die Firma *Media Sales* ein ganz eigenes Kapitel sei, für das sich unter anderem auch die Wirtschaftspolizei interessiere. Und der Trainer war mit seinen Warenproben per Taxi zum Doktor Trash gefahren, nicht ohne mich vorher vor den Gefahren übermäßigen Alkohlkonsums zu warnen und mir das Versprechen abzuringen, heute Nacht einigermaßen aufnahmefähig zu bleiben, weil er mich hier oder daheim telefonisch über den neuesten Stand seiner privaten Ermittlungen am Laufenden halten will.

Als Marlene hereinschwebte, ging ein Raunen durch die gelichteten Reihen altgedienter Trinker. Mein Gespräch mit dem Herrn Josef kam ins Stocken, weil *Media Sales*, der Wickerl und seine Lederjacke mit jedem Schritt, den Marlene auf die Bar zumachte, belangloser wurden. Und als hätte jemand dem *Rallye* den Stecker rausgezogen, hörte ich nur noch sie. Ihr Atmen, jede ihrer Bewegungen, ihre Stimme.

„Haben Sie Telefon?“ wandte sie sich an den Herrn Josef. Sie stand dicht neben mir, und da war dieser Duft von Zimt, Mandeln und tausend orientalischen Geheimnissen. Ich dachte: wunderbar. Und sie muß es irgendwie gehört haben, denn sie lächelte mich kurz an, ehe sie in Richtung Hinterzimmer davonschwebte.

Der Herr Josef wünschte den Vandalen, die beide Telefonzellen der näheren Umgebung, die Ecke Reindorfgasse und die vorne bei der Bank, wieder einmal zerlegt hatten, Pocken und Pestilenz an den Hals und meinte dann:

„Fesche Frau. Sehr apart. Sieht man nicht alle Tag, so eine richtige Lady.“

Ehe ich ihm noch beipflichten konnte, war Marlene schon wieder zurück.

„Besetzt“, sagte sie zum Herrn Josef.

„Aber da is frei“, sagte ich, und im Verbund mit einer kleinen einladenden Geste kam mir die Meldung nicht ganz so peinlich vor.

„Danke“, sagte Marlene. „Ich werde also eine Weile warten.“

Ihr Akzent war fast so berauschend wie ihr Parfum.

Aber das Lächeln, das sie mir schenkte, als sie sich zu mir an die Bar stellte und ein Päckchen exotischer Zigaretten aus ihrer Handtasche nahm, raubte mir endgültig den Verstand.

Der Herr Josef sagte was, das sich anhörte wie: „Wulle wuh ün Kaffee olé, Madame?“ Seine Zeit bei der Fremdenlegion hat bei seinem Französisch keine nennenswerten Spuren hinterlassen. Und da Madame auf sein Angebot nicht reagierte, versuchte er sein Glück in einem ihm geläufigeren Idiom:

„Wollen Gnädigste vielleicht was trinken? Eine Melange? Einen Gin Fizz?“

Marlene entschied sich für ein Glas Rotwein.

„Ein Viertel vom Feinen“, sagte der Herr Josef, und nach einem zweiten ergebnislosen Gang zum Telefon wechselten die Sensation und ich zu meinem Tisch neben dem Wurlitzer.

Momentan hält sie beim zweiten, vom Herrn Josef ganz besonders gut eingeschenkten Glas „Römerblut“. Und macht sich Sorgen: Sie muß noch Autofahren, hinein in die Innenstadt, zum Hotel *Palace*, wo sie gestern abgestiegen ist und voraussichtlich bis Sonntag logieren wird.

Wie ich im Zuge unserer angeregten Konversation herausarbeiten konnte, hat Marlene heute bereits eine Odyssee in ihrem Mietwagen hinter sich. Sie war in Hietzing im Haus eines Geschäftspartners zum Abendessen eingeladen, und ist dort mit einer Stunde Verspätung eingetroffen, weil sie viele freundliche Wiener mit der Kirche ums Kreuz in die Auhofstraße geschickt haben. Bei der Rückfahrt zum Hotel hat sie sich auf ihren eigenen Orientierungssinn verlassen und ist auf der Laxenburger Straße gelandet. Dort hat sie bemerkt, daß sie ihre Mappe mit irgendwelchen wichtigen Gutachten und Zertifikaten in Hietzing vergessen hat. Und der verzweifelte Versuch, den Geschäftsfreund anzurufen und zu bitten, die Unterlagen vor morgen um zehn ins *Palace* zu schicken, hat sie ins *Rallye* verschlagen.

„Wo bin ich hier eigentlich gelandet?“ fragt sie.

„Am Arsch der Welt“, sage ich.

„Reizender Arsch“, sagt sie.

Dann nimmt sie einen Schluck Römerblut und sieht mich über den Rand des Glases hinweg an.

„Was denken Sie?“

Ich will sie nicht mit der nackten Wahrheit meiner Gedanken brüskieren, also rede ich was über Zufall, Schicksal und Vorsehung, Themen, die bei der Repräsentantin des größten Auktionshauses von Quebec, Kanada, auf fruchtbaren Boden fallen müßten. Aber Marlene wischt sie mit einem energischen Schütteln ihres Pagenkopfes vom Tisch.

„Männer wie Sie, sollten sich nicht solche Gedanken machen“, sagt sie.

„Ahja?“ sage ich und mache dabei garantiert kein besonders schlaues Gesicht. „Worüber sollte ich mir dann Gedanken machen?“

Marlene lächelt und bleibt mir die Antwort schuldig, weil der Herr Josef an unseren Tisch kommt und meint, der Trainer wäre am Telefon und es wäre ganz furchtbar wichtig.

Mein Pflichtbewußtsein hat Grenzen. Und ich beschließe, daß seine Inhaltsangaben der Whitney-Houston-Videos bis morgen warten müssen. Der Herr Josef verspricht, den Trainer freundlich aber bestimmt abzuwimmeln und geht wieder.

„Sie sind Sportler?“ fragt Marlene.

„Ex“, sage ich.

„Und was tun Sie heute?“

„Ich mach mir Gedanken.“

Marlene lacht. Und diesmal ist ihr Lachen ganz besonders sensationell. Ich frage mich, wie alt sie ist. Und gebe mir die einzig richtige Antwort: Sie ist in der Blüte ihrer Jahre.

„Im Ernst", sagt Marlene, „was tun Sie? Ich frage mich das schon die ganze Zeit."

„Ich bin Musikant. Im Ernst."

„Oh. Und welches Instrument spielen Sie?"

„Fotzhobel, also Mundharmonika."

„Alle Musiker, die ich kenne, trinken gern", sagt Marlene. „Alle Musiker und Ärzte."

Daß sie durch des Schicksals Fügung bei mir an beides in Personalunion geraten ist, unterschlage ich vorsichtshalber, sie könnte sich womöglich falsche Vorstellungen über meine Trinkgewohnheiten machen, aber daß ich zumindest in diesem Lande kein ganz unbeschriebenes Blatt bin, nicht zuletzt durch die Erfindung des Favorit'n'Blues vor nunmehr 28 Jahren, lasse ich in aller Bescheidenheit anklingen. Wenn mich eine Sensation wie Marlene schon näher kennenlernen will, dann hat sie auch Anspruch auf die wichtigsten biografischen Daten.

Sie amüsiert sich soeben königlich über einen meiner Evergreens, die Geschichte, wie der „King" Karasek, seine Frau, die Herta, und ich aus dem urbanen Blues des schwarzen Amerikaners, der proletarischen Härte Simmerings und dem schier unlöschbaren Bierdurst des Kings den Favorit'n'Blues entwickelt haben, als der Herr Josef ein weiteres Mal an den Tisch kommt.

Er serviert als kleine Aufmerksamkeit des Hauses zwei große Fernet.

Das ist sein diskreter Wink mit dem Zaunpfahl, diese einmalige Gelegenheit nicht durch eine meiner unendlichen Geschichten zu gefährden. Der Herr Josef hat ja schon des öfteren mit ansehen müssen, wie ich, von einigen Achteln beseelt, ganz außerordentlich reizende Damen durch meine

Eloquenz in den Zustand bleierner Müdigkeit geredet habe. Sie wollten dann nur noch ein Taxi und rasch allein nach Haus ins Bett.

„Salut", sagt Marlene.

„Prost", sage ich. „Worauf trinken wir?"

„Auf die Gunst der Stunde. Heißt das so?" sagt sie, und ihr Blick sagt, daß es an der Zeit wäre, den Schauplatz zu wechseln.

Ich überlege fieberhaft, wie ich sie davon überzeugen kann, daß ein Drink an der Hotelbar des *Palace* die vorläufige Krönung dieses bezaubernden Abends wäre. Aber Marlene hat andere Pläne.

„Ich lasse den Wagen hier. Und dann zeigst du mir, wie du lebst", sagt sie und lächelt. „Ich möchte das wissen, Kurt."

Ich bin zwar nicht auf Damenbesuch eingerichtet, aber jetzt gibt es kein Zurück.

Als wir das *Rallye* verlassen, ist es halb drei. Die Sechshauser Straße ist menschenleer. Marlene atmet kräftig durch. Dann hakt sie sich bei mir unter. Wir gehen los. Der Regen hat das Blut des Auer Wickerl weggewaschen.

Aber das ist jetzt kein Thema.

10

Nach einem kurzen Inspektionsgang durch das Vinylmuseum mit Schlaf- und Waschgelegenheit, für das ich dem Trainer symbolische fünf Kilo Untermiete im Monat bezahle, hat Marlene Lust auf Musik.

Ich soll spielen, was ich jetzt gern hören möchte. Und sie ist sicher, daß sie es auch mögen wird.

Das Problem ist nur, daß der CD-Player des Ghettoblasters defekt ist, seit ihn Mario Adrettis kleine Tochter bei ihrem letzten Besuch mit einer Packung „Fruchtzwerge“ gefüttert hat. Und den Plattenspieler, das ausrangierte Modell des Trainers, habe ich noch nicht an die Stereoanlage angeschlossen, obwohl er mir jetzt schon bald ein Jahr im Weg steht. Bleibt also nur das Cassettendeck. Und das reduziert das Musikangebot auf jene drei Cassetten, die meinen musikalischen Diät-Speiseplan ausmachen.

Band 1 enthält ein halbes Dutzend skelettöser Demoaufnahmen von neuen Nummern, die seit längerem vergeblich auf zündende Arrangement-Ideen warten. Band 2 ist ein Geschenk vom „King“: 24 Versionen des „Stormy Monday Blues“, von T-Bone Walker bis Gary Moore.

Ich entscheide mich leichten Herzens für die dritte und letzte Möglichkeit: eine 90-minütige Zusammenstellung von Willie Nelsons traurigsten Liedern aus dem ewigen Westen, die der Trainer extra für mich angefertigt hat, als ihn eines nachts Melancholie, Schwermut und zu viel Jack Daniels nicht zur Ruhe kommen ließen.

Marlene liebt Willie Nelson.

Und ich hasse den Trainer, als er ausgerechnet bei “She’s not for you“ das zirka hundertste Mal anruft, und Marlene, schon etwas entnervt, von mir abrückt und meint, ich sollte diesem Telefonterror vielleicht doch ein Ende machen, indem ich einfach rangehe und meinen Trainer zur Hölle schicke. „Oder soll ich das für dich erledigen?“ sagt Marlene und streift den Rock ihres rubinroten Kostüms wieder glatt.

„Trainer!“ schnaube ich in den Hörer. „Bist gstört, oder was?“

Weiter komme ich nicht. Der Trainer erteilt mir mit hysterischer Stimme den Marschbefehl. „Setz dich ins nächste Taxi und komm her! Sofort!“

„Ich kenn die Whitney Houston“, sage ich.

„Whitney Houston!“ kreischt der Trainer.

Im Hintergrund höre ich Doktor Trash's bitterböses Lachen.

„Außerdem hab ich Besuch", sage ich.

„Scheiß auf den Besuch. Schick ihn heim und komm her. Kirchengasse 83. Und mach ein bißl gschwinder als heut zum *Quell*. Weil ewig warten wir nicht!"

„Der Besuch ist eine Sie. Und ich verlasse das Haus auch dann nicht, wenn die Tante Houston in dem Scheißvideo mit ihrem Pudel pudert", zische ich, so leise es die in mir aufsteigende Rage zuläßt.

„Kurtl!" höre ich den Trainer kreischen.

Dann lege ich auf, ziehe den Stecker aus der Dose und drehe – sicher ist sicher – Willie Nelson ein wenig lauter.

„Du hast ihn zur Hölle geschickt?" lächelt Marlene.

Ich nicke und zaubere durch das Abschalten der Deckenbeleuchtung und Anknipsen der an einem der Regale festgeschraubten Schreibtischlampe sowas ähnliches wie lauschige Gemütlichkeit in das Plattenlager.

Ich muß was gegen die in mir nagende Wut und Unruhe unternehmen. Draußen in der Küche habe ich noch einen Rest Mezcal.

Marlene ist nicht abgeneigt. Also serviere ich zwei Gläser. Wir sitzen auf der Bettbank, stoßen zum zweiten Mal in dieser Nacht auf die Gunst des Augenblicks an, aber meine Rage schwindet erst, als der Mezcal vernichtet ist und Marlene mit einer stürmischen Umarmung das nächste Kapitel unserer jungen Liebe eröffnet.

Ich weiß noch ganz genau, daß sie unter dem rubinroten Kostüm Unterwäsche aus rubinroter Spitze trug, und daß es uns bald einmal auf der schmalen Bettbank, die man zu einem Doppelbett ausklappen könnte, wenn man sich dafür mindestens zwei Stunden Zeit nimmt, zu eng wurde. Wir übersiedelten auf den Spannteppich, und aus dem anfangs sanften Ringen wurde ein wüster Marathon, dessen Finish (in der Küche) ich kaum noch wirklich mitkriegte. Zuletzt sah ich Marlene auf dem Rand des Waschbeckens sitzen, die Beine um meine Hüften geschlungen, dann schwanden mir die Sinne.

Ihr Duft von Zimt, Mandeln und tausend orientalischen Geheimnissen (einige davon durfte ich in den letzten Stunden lüften) erfüllt den Raum, als ich wieder zu mir komme. Ich liege nackt und frierend auf dem Fußboden vor der Bettbank, und Marlene liegt nicht neben mir.

Die Uhr sagt, es ist kurz vor neun.

Nach einer Standardnacht würde ich jetzt zwei bis drei Aspirin einwerfen und mich unverzüglich zurück ins Bett verfügen, in der Hoffnung, bald Besuch von Tamara zu bekommen.

Nach dieser Nacht der Sensationen aber bin ich sofort und schmerzfrei auf den Beinen, unter der Dusche und, eine Tasse köstlichen Löskaffee schlürfend, auf der Suche nach dem Telefon, um den besorgten Trainer anzurufen.

Der himmelblaue 57er-Chevy mit abnehmbarem Dach, den mir eine Gruppe von Kurtologen und Chefheads während des letzten Konzerts der „Liagn & Lochn"-Tournee auf offener Bühne überreicht hat, parkt auf dem Fensterbrett. Flankiert von einem Höschen aus rubinroter Spitze und einer auf lila Papier geschriebenen Botschaft.

„Ich rufe Dich an!" steht da, dazu ein Satz in Französisch und ihr Name - Marlene.

Ich schaue eine Ewigkeit aus dem Fenster, in einer Hand die Tasse Löskaffee, in der anderen abwechselnd ihre Nachricht und ihr Höschen.

Draußen gibt es Raben, den grauen Novemberhimmel und einen Gemeindebau, dessen Bewohner ein nicht enden wollender Quell der Inspiration sind, oder besser: waren. Denn mit heutigem Tag werde ich nur noch Lieder über Marlene schreiben.

Allein dieser geflügelte Drache mit den fünf Köpfen, den sie in die Innenseite ihres linken Oberschenkels eintätowiert hat, ist mindestens ein Lied wert. Und der Drache ist nur eines der vielen Geheimnisse, die eine kanadische Kunst- und Antiquitätenhändlerin mit Spezialgebiet Standuhren des Jugendstils, Art Deco und Fin de Siecle unter einer ladyliken Oberfläche zu verbergen weiß.

Davon kann ich, wie man so sagt, seit letzter Nacht ein Lied singen.

Keine Ahnung, ob Songs zu diesem Thema irgendjemand interessieren, aber der Schrott, der mir in den letzten Wochen über das traurige Urlauberdasein des Rock'n'Roll-Musikanten eingefallen ist, ist nicht nur noch viel langweiliger, sondern entbehrt auch jeglicher Grundlage. Das wirkliche Leben sieht doch, wie die letzten beiden Tage bewiesen haben, ganz anders aus.

Voll Tatendrang und guten Mutes stecke ich das Kabel des 57er-Chevy wieder in die Steckdose und wähle die Nummer des Trainers.

Nicht der Anrufbeantworter, sondern seine Frau Katharina ist am Apparat.

„Ja“, sagt sie, keine Silbe mehr, und ich weiß, da ist was nicht in Ordnung.

„Morgen. Kurtl da. Is der Trainer schon aus den Federn?“

„Nein“, sagt Katharina. Dann ist Pause.

„Okay“, sage ich. „Dann ruf ich später wieder an.“

„Er ist nicht da“, sagt Katharina und legt Tonnen an Vorwürfen und Sorge in diese vier Worte.

„Wieso?“ sage ich.

„Wieso! Er hat sich gestern um fünf mit dir getroffen und ist immer noch nicht zurück!“

„Komisch“, sage ich.

„Was is daran komisch? Ich mach mir Sorgen, daß ihm

was passiert ist. Sonst ruft er wenigstens an, wenn er mit dir irgendwo abstürzt."

Ich gebe Katharina einen kurzen Überblick über die Ereignisse der vergangenen Nacht und schließe mit den beschwichtigenden Worten:

„Kennst ja den Trainer. Der wird mit dem Doc am Computer sitzten und deppert *Iron Felix* spielen, oder wie das heißt."

„Helix. *Iron Helix*", verbessert mich Katharina. „Aber dort ist er nicht. Ich hab schon zigmal angerufen, und niemand hebt ab.

„Sehr komisch", sage ich.

Ihre Sorge um den Trainer ist ansteckend. Wenn ich mich recht erinnere, war er bei unserem nächtlichen Telefonat ziemlich aus der Fasson. Und das gallige Lachen des Doc, den in Sachen Blutrausch so schnell nix erschüttert, klingt mir jetzt wie ein Hilferuf im Ohr.

„Scheiße", sage ich. „Mach dir keine Sorgen. Ich kümmer mich drum."

„Weißt Du, wo er steckt?"

„Nein", sage ich. „Aber ich nehm die Sache in die Hand."

11

Eine halbe Stunde später verlasse ich das Haus. Ich habe mir einen Zeitplan zurechtgelegt, der die raschest mögliche Erledigung der zwei heute anstehenden Aufgaben vorsieht und die ehebaldigste Rückkehr in meine vier Wände.

Marlene wird anrufen. Und diese Sensation will ich unter keinen Umständen verpassen.

Flotten Schrittes überquere ich die verkehrsberuhigte Reindorfgasse und stelle mit Genugtuung fest: Die froschgrüne Rostschüssel des Trainers parkt immer noch vor dem *Quell.*

Der Musterwirt meint es auch heute gut mit mir. Er öffnet seine Pforten just in dem Augenblick, als ich das Strafmandat von der Windschutzscheibe des Trainer-Boliden pflücke. Ich werde es ihm persönlich überreichen, zusammen mit den paar Hundertern Verwaltungsstrafe, die er sich durch das Langparken in der Kurzparkzone eingehandelt hat. Eine versöhnliche Geste nach den ruppigen Tönen der letzten Nacht.

Der Quell-Poldl erkundigt sich nach meinem werten Befinden.

„Sensationell", sage ich. Und ändere kurzfristig meinen Zeitplan, indem ich ihm ins Innere des Lokals folge, Ham & Eggs und einen großen Apfelsaft gespritzt bestelle und mich dann mit dem *Kronenblatt* auf meinen Stammplatz zurückziehe.

Der tote Wickerl muß sich heute mit nur einer Seite im Lokalteil bescheiden:

„Ermittlungen laufen auf Hochtouren: Wer ist der Schlächter von Sechshaus?"

Laut Aussage eines Zeugen, der etwa zur Tatzeit auf seinem Moped durch die Sechshauser Straße fuhr, saß er am Steuer eines weißen oder beigen PKW, der schräg gegenüber vom Tatort, der Passage des Optikers, in zweiter Spur geparkt war.

Mehr hatte der Mopedfahrer nicht erkennen können. Und die Gerichtsmediziner legten einen Obduktionsbefund vor, der die Ermittlungsbeamten vor weitere Rätsel stellt: Demnach wurde der Wickerl (das Foto heute zeigt ihn mit seiner *Marshall*-Ruine vor einer mit Eierkartons verkleideten Wand) mit einem Fleischermesser durch zwei, mit geradezu professioneller Präzision und unglaublicher Wucht geführte Schnitte getötet. Der erste Schnitt durchtrennte

Halsschlagader, Luft- und Speiseröhre und führte zum sofortigen Tod. Schnitt Nummer Zwo war dann nur noch die Draufgabe. Er durchbohrte das Herz und schlitzte den Oberkörper von der Brust bis zum Nabel auf.

„Ist diese Greueltat etwa das Werk eines professionellen Jägers oder Schlachters?“ fragt sich das *Kronenblatt*.

Der Wickerl scheint mit dem Weidmann oder Fleischermeister jedenfalls auf Du gewesen zu sein, denn nichts weist darauf hin, daß er sich gegen seine Schlachtung zur Wehr gesetzt hat.

„Die Schnittwunden am rechten Unterarm stammen zwar aus der selben Nacht, wurden dem Mordopfer allerdings bei einer Kaffeehausrauferei zugefügt, die mit der Ermordung des jungen Musikers in keinem offensichtlichen Zusammenhang steht“, verlautet aus dem Sicherheitsbüro.

Wo man sich seit Vorliegen des Obduktionsberichts aber auch die Frage stellt, wer dem Wickerl zirka vier Tage vor seinem Abgang die vielen großen Blutergüsse, kleinen Stichwunden und Verletzungen im Genitalbereich zugefügt hat, die von der Gerichtsmedizin als Folge grausamer Folterungen eingestuft werden.

Eine Frage, die auch mir nicht aus dem Kopf will, als ich frisch gestärkt von Schinken mit Ei und Apfelsaft mit dem 52er zum Westbahnhof fahre.

Die U3 bringt mich dann in wenigen Minuten in das Herz von Mariahilf, wo die erste, vordringliche Aufgabe des Tages auf mich wartet.

12

Begleitet von Whitney Houstons Koloraturen kämpfe ich mich durch die Dancefloor-Abteilung, in der tausende spanische Dörfer vergeblich um meine Kaufkraft buhlen, zur Rolltreppe in den ersten Stock.

Am Vormittag bevölkern nur ein paar Freiberufler und Schulstagler den *Megastore*, also Menschen die wissen, was sie wollen. Die einen raffen zielsicher und in Terminnot die allerneuesten Bild- und Tonkonserven an sich, legen ihre goldenen Kreditkarten vor und suchen eilig wieder das Weite; und die Jugend rottet sich in kleinen Gruppen um die Computerspiel-Automaten zusammen und besorgt sich dort den Nervenkitzel, der unserem Schulsystem nach Jahrzehnten der Reformen wohl endgültig abhanden gekommen ist.

In der Country & Western-Abteilung bin ich völlig allein und ungestört. Ich durchforste die Regale nach einer Willie-Nelson-CD, die zumindest annähernd die Intensität der Trainer-Compilation erreicht, und entscheide mich schließlich für eine Live-Aufnahme aus dem Jahr 1978.

Der wesentliche Teil meiner ersten Aufgabe ist somit erledigt, sogar vor der Zeit, jetzt brauche ich nur noch einen Bogen Geschenkpapier, eine Rolle Tixo und eines dieser Grußkärtchen mit einem halbwegs unpeinlichen Spruch vorne drauf. Für die handschriftliche Botschaft auf der Rückseite werde ich den eigenen Fundus bemühen.

Und dann werde ich mich um den verschollenen Trainer kümmern.

Auf dem Weg zu den Kassen beschließe ich, das Kärtchen zu streichen. Aus dem Alter bin ich hinaus. Und Marlene auch.

Und die Suche nach dem Vermißten hat sich wenige Augenblicke später von selbst erledigt.

Denn die Schatten von Trainer und Trash stehen an einer der Kassen. Der Doc bezahlt. Und der Trainer stiert mich an, als wollte er mich auf der Stelle erwürgen. Nur seiner Erschöpfung ist es zu danken, daß ich diese ersten Momente unseres Wiedersehens überlebe.

„Super", meint er bitter und schüttelt den Kopf.

„D'Ehre, Doc! Tag, Trainer!" sage ich und gehe vorbeugend in die Offensive, indem ich Katharinas Sorge, Panik und Wut über sein Verschwinden in den glühendsten Farben schildere.

„Die Katharina weiß bereits Bescheid", sagt der Trainer. „Ich hab sie angerufen. In der ersten freien Minute."

Der Doc sieht fast so mitgenommen aus wie der Trainer, und ich frage mich, wie diese beiden Zombies die fünf Minuten von der Kirchengasse in den *Megastore* geschafft haben, und vor allem, warum. Wenn ich in einem dermaßen desolaten und bemitleidenswerten Zustand bin, steht mir der Sinn nach einem weichen Bett und dem ewigen Schlaf, aber ganz bestimmt nicht nach einem Haus voller Videos und Platten.

Die Antwort kriege ich erst, nachdem ich bezahlt habe und das scheintote Duo zu Trash's Wohnung begleite.

„Das sind Spesen. An wen darf ich mich mit der Rechnung wenden?" sagt der Doc in seiner unnachahmlich gewinnenden Art, zieht eine CD aus seinem *Megastore*-Sackerl und hält sie mir unter die Nase.

Whitney Houston. Die Neue, die mich vorhin auf der Suche nach Willie Nelson begleitet hat und in tausendfacher Ausfertigung im Schupfen des Herrn Josef lagert.

Der Doc nimmt seine CD aus der Hülle. Der Trainer holt eine seiner Warenproben aus der Tasche. Und ich werde mitten auf der Mariahilferstraße Zeuge, wie zwei erwachsene Männer, die eine Nacht vor dem Videorecorder (oder Computer?) offensichtlich um den Verstand gebracht hat, ihre Whitney-Houston-Scheiben miteinander vergleichen, unzählige Male drehen, wenden und ins müde Sonnenlicht halten, um schließlich wie die kleinen Kinder in die Hände zu klatschen und „Bingo!“ zu rufen.

Der Erfolg ihrer Aktion, die nicht nur mich, sondern auch einige Passanten in Erstaunen versetzt und neugierig gemacht hat, erfüllt die beiden müden Gestalten mit neuer Energie, und ich habe Mühe, mit ihnen Schritt zu halten, als sie, von links und rechts auf mich einredend, den Fußmarsch zu Trash's Behausung fortsetzen.

„Du bist zwar ein Arschloch“, eröffnet mir der Trainer, „aber an der Sache auch irgendwie beteiligt ...“

„Zwar eher passiv“, übernimmt der Doc, „als eines der Opfer ...“

„... aber jetzt, wo diese Sache geklärt ist, sollst du auch als erster erfahren, was dir eigentlich zugestoßen ist.“

„Danke, Burschen“, sage ich. „Ich bin gerührt.“

„Folgendes“, nimmt der Trainer ungerührt einen nächsten Anlauf. „Wir haben es mit zwei unabhängigen, aber durch die Person des Wickerl Auer auch wiederum miteinander zusammenhängenden Themenkomplexen zu tun: nämlich a) mit der *AAS*, für die der Doc zuständig ist, und b) mit der Firma *Media Sales*, Tonträger- und Videogroßhandels-GesmbH, die eher in mein Resort fällt.“

„Alles klar“, sage ich. „Nur was ist die *AAS*?“

„Später!“ rügt Doktor Trash.

Dann erklärt mir der Trainer wahnsinnig umständlich, wie das nun einmal seine Art ist, was ich besser weiß als er: nämlich daß ich von der Polizei mit einem Lieferschein konfrontiert wurde und am Abend des selben Tages in seinem Beisein die Bananenkisten mit den CDs, Videos und weiteren Lieferscheinen gefunden habe.

„Ist dir an den Lieferscheinen was aufgefallen, Kurtl?“ fragt er, und als ich wiederkäuen will, was wir gestern im

Rallye bereits durchgekaut haben: „Ich meine nicht die gefälschten Unterschriften der Chefpartie. Und ich meine auch nicht die Lieferadresse, die Anschrift des Kohlen-Güntl, die auf unseren Platten steht, was darauf schließen läßt, daß der Aussteller die Privatadressen der Partie nicht kennt. Das meine ich alles nicht. Sondern? Na!"

„Keine Ahnung", sage ich.

Trainer und Trash freuen sich. Und mir geht die schulmeisterliche Art, in der da mit meinen Problemen umgegangen wird, schön langsam auf den Geist. Aber ich lasse mir nichts anmerken.

„Dann muß ich weiter ausholen", sagt der Trainer und genießt sichtlich seinen Triumph.

„Whitney Houston ist bei einem Weltkonzern unter Vertrag, und in Österreich werden ihre Platten von der österreichischen Filiale dieses Weltkonzerns vertrieben, also an den Einzelhandel ausgeliefert und verkauft. Eine Firma *Media Sales*, ein Tonträger- und Videogroßhandel, wie so schön auf dem Lieferschein steht, vertreibt in Österreich keine Platten von Whitney Houston oder sonst einem Sangeskünstler, der bei einem Major Label unter Vertrag ist. Die Großhändler spezialisieren sich auf den Import und Vertrieb von Musik, die abseits der Weltkonzerne passiert. Die einen machen in Jazz, andere in Independant oder Folk, oder sie handeln mit dem Backkatalog der Großen, mit den alten Hüten oder bestenfalls historisch wertvollen Aufnahmen, die die Multis aus ihrem Programm gestrichen haben, weil sie ihnen das Lager blockieren. Aber nie im Leben dealen sie mit der neuen Whitney-Houston-Platte."

„Und wenn sie es tun", sagt der Doc, „dann handelt es sich dabei um Fälschungen. Counterfeits."

„Wir haben unsere These gerade überprüft", sagt der Trainer. „Und sie stimmt: Was wir in den Bananenkisten gefunden haben, sind Raubkopien."

„Da staunt der Laie“, sage ich.

„Mich hat ja gestern schon irritiert, daß die CDs ohne Hüllen in den Kisten stecken“, sagt der Trainer, „Weil die Platten vom Werk normalerweise immer fixfertig mit dem Cover geliefert werden. Deine doch auch, Kurtl. Is dir das noch nie aufgefallen?“

„Nicht direkt.“

Die produktions- und vertriebstechnischen Aspekte meiner Profession haben mich noch nie wirklich interessiert, und die lichtvollen Ausführungen des Trainers werden für die Zukunft nichts daran ändern, aber in der lästigen Bananenkistenaffäre bringen sie mich auf eine Idee. Und die nimmt immer konkretere Formen an, während der Trainer seinen Vortrag fortsetzt.

„Die Platten-Piraten lassen natürlich nicht bei der Industrie arbeiten, wo CD-Werk und Druckerei unter einem Dach sind, sondern in Ungarn oder der Slowakei. Das ist nicht nur billiger, sondern dort schert sich auch kein Schwanz um Details wie Urheberrechte oder Lizenzverträge. Die Raubkopien, die sich in der Klangqualität übrigens nicht von den offiziellen Platten unterscheiden – das haben wir so lang überprüft, daß wir das Houston-Opus jetzt vom ersten bis zum letzten Ton auswendig können –, also diese perfekten Kopien kommen dann auf Schleichwegen über die Grenze ins Land, werden in ebenfalls perfekt gefälschte Covers heimischer Produktion gepackt und unters Volk gebracht, das weder sieht noch hört, daß es der falschen Whitney lauscht. Was ihm letztlich auch wurscht sein kann, denn es kriegt für sein Geld ja ein perfekt geklontes Produkt. Ärgerlich ist die Angelegenheit nur für die Frau Houston und ihre Plattenfirma, denn die schauen bei dem Geschäft durch die Finger. Für Platten, die es offiziell gar nicht gibt, gibt es auch keinen Tantiemenscheck.“

Whitney Houston höchstwahrscheinlich auch ziemlich wurscht ist, daß ich mir eine Bananenkiste voll von dem Ramsch gekauft habe. Unfreiwillig. Und ohne daß ich davon was weiß."

Dann frage ich Trainer und Trash, wie sie das Geheimnis der falschen Whitney lüften konnten.

„Gute Frage", sagt Doctor Trash.

„Ein alter Hase wie du, Kurtl, müßte das wissen", sagt der Trainer.

„Du weißt, was über mich in der Zeitung steht? Der Kurtl hat ein Problem: Er kann einfach nicht erwachsen werden. Und in der Zeitung steht immer nur die Wahrheit. Also spuck's schon aus", sage ich.

„Über die Qualität des gefälschten Covers können wir nichts sagen, weil wir es bekanntlich nie gesehen haben", sagt der Trainer. „Aber schau dir einmal die beiden Platten an. Der Vergleich macht Sie sicher."

Wir sind mittlerweile in der nicht sonderlich belebten Kirchengasse, sonst würde ich jetzt nicht tun, was vor wenigen Minuten Trainer und Trash getan haben. Aber so lasse ich mir vor dem Schaufenster einer Videothek die zwei Platten reichen und muß tatsächlich feststellen, daß sich die echte von der gefälschten Whitney dadurch unterscheidet, daß das Silber der echten einen leichten Rotstich hat, der der falschen fehlt.

„Die Pantone", freut sich der Trainer. „Ganz eindeutig. Die Einfärbung der Scheibe. Die haben die Piraten entweder übersehen oder, was wahrscheinlicher ist, sie haben den Farbton nicht richtig hingekriegt."

„Meine Herren!" sage ich ehrlich beeindruckt. „Das war ganze Arbeit."

„Das war erst der Anfang", sagt der Doc.

„Ahja?" sage ich. „Also mir ist alles sonnenklar."

Der Doc winkt ab.

„Keine voreiligen Schlußfolgerungen", sagt er. „Die bringen uns nicht weiter. Die führen in die Cul de sac."

„Darf ich trotzdem? Ausnahmsweise. Quasi als Laie. Und außer Konkurrenz. Ich hab nämlich einen wichtigen Termin und hätte die lästige Angelegenheit vorher gern ..."

„Vergiß ihn", sagt der Trainer.

Ich will ihn kurz darüber belehren, daß das Leben noch größere Sensationen zu bieten hat als Whitney-Houston-Platten mit und ohne Rotstich. Dann bleibe ich lieber doch beim Thema. Diskussionen kosten Zeit. Diskussionen mit dem Trainer ganz besonders. Und Diskussionen mit Trainer und Trash können Tage dauern. Das würde mein junges Glück nicht überleben.

Also setze ich den beiden Experten auseinander, warum der Fall Wickerl & Whitney für mich eine gemähte Wiese ist, wie man so sagt.

„Unser Freund Wickerl war einer jener jungen haltlosen Menschen aus zerrüttetem Elternhaus, die in Ermangelung innerer Werte in ihrem Leben oft nur ein Ziel kennen: nämlich rasch und unbürokratisch an das große Geld zu kommen.

Manche stellen das schlau an, andere wiederum, wie unser Wickerl, versuchen ihr Glück mit der Musik. Auch da trennen bald Plattenvertrag und Tantiemenregen den Wiffzack vom Verlierer. Der Wickerl verschrieb sich einer, zumindest in unseren Breiten, recht brotlosen Kunst. Er spielte Baß in einer Schwermetall-Combo, von der wir nicht viel mehr wissen, als daß sie „Mom & Dead" heißt und entweder Death-, Trash- oder Sex-Metal spielt. Und weil das in der schönen aber auch rauhen Welt der Rock-and-Roll-Musik (und nicht nur da, sondern zum Beispiel auch in der weißen Welt der Ärzte) zum guten Ton gehört, soff der Wickerl wie ein Loch. Und wenn er was in die Finger bekam, das ihn schneller machte, als der Liebe Gott das bei ihm vorgesehen hatte, dann schluckte oder schnupfte er das Zeug ohne Rücksicht auf Verluste. Was nach einer Reihe von bandinternen Wickeln, von denen wir nur wissen, daß sie sowohl privater als auch finanzieller Natur waren, den Verlust seines Bassistenjobs zur Folge hatte.

In dieser Zeit der persönlichen und monetären Krisen trifft der Wickerl auf einen Menschen, der die Wickerls dieser Welt für seinen Broterwerb ganz dringend braucht. Er ist Geschäftsmann, vielleicht der Boß persönlich, wahrscheinlich aber nur ein leitender Mitarbeiter, und in seiner Branche haben gestrauchelte junge Männer mit einem Faible fürs große Geld gute Aufstiegschancen. Vorausgesetzt, sie stellen nicht viel Fragen und machen in ihrer Lehrzeit jeden Job, den man ihnen schafft. Zum Beispiel: aus der Slowakei oder Ungarn Raubkopien von Platten und Videocassetten nach Österreich zu karren, ohne an der Grenze den Zollbeamten unnötige Arbeit zu machen. Ein zwar nicht ganz legaler, aber auch nicht wirklich halsbrecherischer Job, der dem Wickerl viel Freude macht, weil er dabei sogar seiner geliebten Musik verbunden bleibt. Wahrscheinlich würde er lieber Platten von Metallica oder Sepultura schmuggeln, aber die rechnen sich nicht, sagt sein Gönner, der Pirat, die bringen nicht das ganz große Geld.

Also chauffiert der Wickerl die falschen Whitneys pünktlich zum Weihnachtsgeschäft nach Österreich, ins Lager der Firma *Media Sales*, wo sie dann in die gefälschten Covers gepackt werden sollen. Er macht das ein paar Mal, wird für seine Zustelldienste ganz ordentlich belohnt, aber vom wirklichen großen Geld ist er Lichtjahre entfernt.

Und eines Nachts, vielleicht während einer seiner langen, einsamen Überlandfahrten, kommt der Wickerl auf eine grandiose Idee, die er sich ohne eine kräftige Dosis Muntermacher nicht zugetraut hätte: Warum, fragt er sich, soll ich die Scheißplatten bei *Media Sales* abliefern, wo sich irgendwelche Scheißtypen damit ein goldenes Zumpferl verdienen, ich verkaufe die Scheißscheiben selber und kaufe mir um die hundert Prozent eine Harley, weil den Scheiß-Guns'n'Roses endlich jemand den Arsch aufreißen muß, und das wird der Wickerl sein, wer sonst. Und weil der Wickerl nicht ganz so blöd ist, macht er sich einen Plan: er sucht sich zuerst einen oder mehrere potentielle Abnehmer, die sich über den kulanten Preis seines Angebots freuen und aus lauter Freude keine Fragen stellen, dann entwendet er aus der Drucksortenabteilung von *Media Sales* einen Packen Lieferscheine und zweigt von den Neuzugängen und dem Lagerbestand seinen Bedarf an Whitney-Scheiben in seine Bananenkisten ab.

Daß sich von den tausenden Silberlingen der Wickerl das eine oder andere Scheibchen abgeschnitten hat, fällt erst dann auf, wenn die Druckerei die dazugehörigen Covers liefert und die falschen Whitneys zur Auslieferung in ihre Plastikschachteln müssen. Also ist das sein Tag X. Da muß er seinen Bedarf an Covers und Schachteln vom Lager der *Media Sales* in sein Lager, den Schupfen des Herrn Josef, überstellen. Und damit die Buchhaltung nicht etwa frühzeitig Verdacht schöpft, müssen gefälschte Lieferscheine über falsche Lieferungen der gefälschten Whitneys her, vorzugsweise ausgestellt an Kunden, die nicht vorbestellt haben, das würde zu rasch auffallen, sondern an irgendjemand, der dann nach Ablauf der 30 Tage Zahlungsziel seine erste Mahnung kriegt und nicht weiß, was ihm geschieht. Dann ist der Wickerl auf seiner Harley schon unterwegs nach Los Angeles und lacht sich einen Ast. Über „Mom & Dead", bei denen er sich so für den Rausschmiß revanchiert, und über die Partie und mich, weil wir die Frau Marschall von ihrer wahren Berufung abhalten, und die wäre, mit dem Wickerl am Baß eine Band aufzumachen, die die Menschheit „Mom

& Dead", Guns'n'Roses und Gilbert & Sullivan ein für alle Mal vergessen läßt. Das hat er mir im Rausch im *Rallye* mehr als ein Mal an den Kopf geworfen.

Aber irgendwie ist Wickerls Tag X anders gelaufen als geplant. Die Leute von *Media Sales* sind nicht auf der Nudelsuppe dahergeschwommen, das sind Profis und höchstwahrscheinlich viel mehr Profis als wir glauben, und wenn denen einer ins Handwerk pfuscht, schicken die einen Professionisten, der weiß, wie man den Wickerln dieser Welt zu einem raschen, wenn auch nicht ganz schmerzfreien Abgang verhilft. Amen."

Wir stehen bereits die längste Zeit vor dem Haus Kirchengasse 83. Aber Trainer und Doc, der eine mit offenem Mund, der andere mit dem Haustorschlüssel in der Hand, machten keine Anstalten, meine Ausführungen zu unterbrechen.

„Nicht schlecht. In einigen Punkten geradezu überzeugend", sagt der Doc jetzt nach einem ausführlichen Räuspern. „Aber wie gesagt: die voreiligen Schlüsse."

„Das is doch alles sonnenklar", sage ich. „Und den Rest erledigt die Kieberei."

„Die wird nie einen Profi-Killer finden, der den Wickerl im Auftrag von *Media Sales* umgelegt hat", sagt der Doc.

„Das ist ihr Problem."

„Aber nur, wenn sie deiner These folgt. Ich würde ihr raten, die Piratengeschichte zu kaufen inklusive Wickerls grenzdebilem Plan, die Hand zu beißen, die ihn füttert. Das ist in Ordnung. Aber dein Finale ist, gelinde gesagt, untragbar. Ein kleines Beispiel, weil es mir gerade einfällt: Wer hat den Wickerl wenige Tage vor seiner Ermordung gefoltert? Und warum?"

„Gefoltert?"

„Steht im Obduktionsbericht. Und der steht in der Zeitung", mischt sich der Trainer ein.

Ich nicke und dabei steht mir das Hirn. Wie man so sagt.

„Vorschlag", sagt der Doc, und ein mitleidiges Lächeln huscht über sein fahles Antlitz. „Wir machen uns einen Kaffee, du schaust dir die Videos an, und erst dann reden wir weiter."

„Wunderbar", sage ich.

Es klingt nicht wirklich überzeugend.

13

Das Arbeitszimmer des Doc sieht aus, als wäre ein phantasiebegabter Innenarchitekt genial an der Aufgabe gescheitert, die Bibliothek von Professor Higgins in die Kommandozentrale der „Enterprise" zu integrieren.

Ist das postmodern?

Während der Trainer draußen in der Küche rumort, er macht Kaffee und Käse-Ananas-Toast, schaufelt der Doc für mich den gemütlichen Ohrensessel frei. Er packt die Computerausdrucke, Faxe, Zeitschriften und Nachschlagwerke, die sich während einer langen arbeitsreichen Nacht angesammelt haben, auf seinen Schreibtisch, und ich nehme vor dem Großbildfernseher Platz.

„Wir haben es mit Amateuraufnahmen zu tun", sagt er, als er eine der sechs Cassetten aus Wickerls Nachlaß in den Recorder schiebt. „Zwei Video-8-Kameras, schlechte Lichtverhältnisse, schlechter Ton, und das Ganze nicht eben von Meisterhand zusammengeschnitten. Nur damit du weißt, was dich in den nächsten sechs Stunden erwartet."

„Ohne mich. Erstens hab ich einen wichtigen ..."

„Wir werden die extremen Längen im Schnellauf absolvieren", beschwichtigt mich der Doc. „Aber unter drei Stunden ist das nicht zu machen. Die Veranstaltung hat einen dramaturgischen Bogen, den wir uns nicht entgehen lassen sollten. Und die letzten dreißig Minuten sind fürwahr fulminant."

Ich gebe mich geschlagen, man ist schließlich kein Spielverderber, erbitte mir aber mindestens eine Pause und die Erlaubnis, ein wichtiges Telefonat führen zu dürfen.

(Ich werde im *Palace* anrufen, und Marlene eine Nachricht hinterlassen, wo sie mich erreichen kann.)

„Bewilligt", sagt der Trainer. Er kommt mit dem Kaffee und den Toasts aus der Küche. „Und ich hol uns später dann ein Bier vom *Billa*. Du wirst es brauchen, Kurtl."

Bezahlen darf ich es im voraus. Die paar Flaschen Bier übersteigen seine momentanen finanziellen Möglichkeiten, also hält er demonstrativ die Hand auf. Ich spende einen Hunderter.

„Die nächste Runde geht an mich", sagt der Trainer.

Nimm ihn beim Wort und du kannst sicher sein, daß es keine nächste Runde geben wird. Nicht in diesem Leben.

„Nur noch soviel", sagt der Doc. „Schauplatz der Veranstaltung ist eine Kapelle in der Nähe von Santa Monica in Kalifornien. Stattgefunden hat sie am 23. November letzten Jahres. Und Veranstalter war die *AAS*, die *Astaroth Appreciation Society*."

„Also eine Benefiz-Gschicht", sage ich.

Trash und Trainer lachen hysterisch.

Nach einer durchwachten Nacht findet man bald was lustig. Ich kenn das.

Und dann sehe ich auf Doktor Trash's Großbildschirm den kalifornischen Abendhimmel. Er spielt noch mehr Farben als in den einschlägigen Road-Movies. Das liegt aber, meinen Trainer und Trash, die sich in der Rolle des deutschsprachigen Kommentatorenpaares hörbar wohlfühlen, am amerikanischen Videoformat.

„NTSC", sagt der Trainer.

„Never The Same Colour", übersetzt der Doc.

Die von zittriger Hand geführte Heimkamera schwenkt langsam vom farbenfrohen Himmelszelt auf ein Gotteshaus, das ich stilmäßig der amerikanischen Spanplattengotik zurechnen würde. Das spitzgiebelige Holzding steht einsam inmitten einer sandigen Hügellandschaft und macht einen von Wind und Wetter arg gebeutelten Eindruck.

Die Kamera bewegt sich schwankend auf das Portal zu, und aus dem Inneren des Kirchenschiffes dringt Musik, die sich anhört wie Tröten-Folklore aus dem australischen Busch. Oder Black Sabbath auf einem leiernden Cassettenrecorder.

Es ist wie seinerzeit beim „Fenstergucker", als der Doc mit sonorer Stimme zu erklären beginnt, warum ich beeindruckt zu sein habe.

„Jedes Jahr zu Thanksgiving, also am letzten Donnerstag im November, findet hier in dieser ehemaligen Methodisten-Kirche die Jahresvollversammlung der Astaroth Appreciation Society statt. Die *AAS* wurde Mitte der 70er-Jahre in Venice, Kalifornien, von dem Lehrerehepaar Helen und Don Spears gegründet, nachdem es auf dem Heimweg von einer Thanksgiving-Party bei Freunden von einer Vision heimgesucht wurde, in der Astaroth ..."

„Wer zum Henker ist dieser Astaroth?" frage ich, während sich die Kamera weiter auf den Eingang des desolaten Wüstendoms zu bewegt.

„Astaroth ist ein Fürst der Finsternis", sagt der Doc.

„Sowas wie Alice Cooper?"

„Etwas älter. Und etwas mächtiger, wenn man das so sagen kann", sagt der Doc.

„Mehr in Richtung Screamin Jay Hawkins?" frage ich.

„Wer? Was redet er da?" wendet sich der Doc an den Trainer. Musikgeschichte ist nicht seine Stärke. Also klärt ihn der Trainer auf. „I Put A Spell On You", „Baptize Me In Wine". Sein ständiger Begleiter Henry, der Totenkopf ...

Ich höre nicht mehr wirklich hin, denn auf dem Bildschirm ist plötzlich die Hölle los. Ein gewagter Schnitt, und wir sind im Inneren der Kirche. Eine zweite Kamera, die über dem Eingang, wahrscheinlich am früheren Arbeitsplatz des Organisten in Position ist, zeigt mir in einer eindrucksvollen Totalen, was Trainer und Trash letzte Nacht um den Schlaf gebracht hat.

In der Mitte des Saales sitzen grob geschätzt dreihundert Leute an einer monströsen U-förmigen Tafel, die sich unter der Last eines üppigen Festmahles biegt. Truthahn, Spanferkel, Hamburger, Grillkoteletts und zum Rünterspülen ein paar Hektoliter Wein in Tonkrügen, der von der gut gelaunten Runde allerdings aus stillosen Plastikbechern getrunken wird.

Der Altar an der Stirnseite des Kirchenschiffes hat schwer unter einem Dekorateur gelitten, der seinem Auftrag, aus dem Haus des Herrn einen Partyraum des Satans zu machen, offensichtlich nicht gewachsen war. Die paar gußeisernen Fackelhalter, der fliegende Styropordrache und der ausgestopfte Elefantenschädel sehen in dem in einem faden lindgrün gestrichenen Raum ziemlich verloren aus. Und das rote Firmenschild der „AAS", das über dem Tabernakel von der Decke hängt, wird in seiner Diabolik nur noch vom „Coca Cola"-Logo übertroffen.

Da geben sich die Damen und Herren an der Festtags-Tafel eindeutig mehr Mühe. Ihre Abendgarderobe steht, vermute ich, unter dem Motto „Im Namen der Rose meets Rocky Horror Picture Show". Sehr amerikanisch. Aber die opulenten Damen und Herren in Strapsen und Kutte, die Barbie-Puppen in Nieten und Leder und die kalifornischen Sunnyboys, die auch unter der Gummimaske ihr strahlendes Lächeln nicht ablegen, bringen ohne Zweifel einen Hauch von Sünde und Frevel in das Gotteshaus.

Kamera 1 hat sich mittlerweile unter die Gäste gemischt

und liefert eindrucksvolle Detailaufnahmen von aus Korsagen quellender Orangenhaut, tätowierten Arschbacken, Männerbeinen in Netzstrümpfen und Hunden in Menschengestalt, die an der Leine und zu Füßen ihrer Herrschaft auf dem Boden kauern, artig aus dem Napf fressen oder ihrem Besitzer die Stiefel lecken.

„Astaroth, einer der mächtigsten Dämonen im Reich der Finsternis, erschien zu Thanksgiving also dem Ehepaar Spears und ernannte Helen und Don sozusagen zu seinen irdischen Botschaftern, die seine Lehre des Bösen in aller Welt verbreiten sollten", setzt der Doc seinen Kommentar fort.

„In den ersten Jahren war die *AAS* bloß einer von vielen kleinen Zirkeln, der mit seinem Brimborium aus schwarzer Magie, Sado-Maso und der Produktion von höllisch schlechtem Kunsthandwerk bestenfalls eine Handvoll gelangweilter Ehepaare und ein paar richtungslose Teenager anlocken konnte. Herr Astaroth hatte keine rechte Freude mit der PR-Arbeit der Spears. Und so holte er 1983 die blasse Helen zu sich. Sie ertrank während eines Badeurlaubs auf Hawaii. Mit der *AAS* ging es aber von dem Tage an steil bergauf. Don Spears, dem in der Nacht nach Helens Tod angeblich ein Kollege von Astaroth erschien, der elefantenköpfige Behemoth, war nun nicht mehr zu halten.

Mit einer neuen Frau an seiner Seite, die zumindest einen Marketingkurs an der Volkshochschule absolviert haben mußte, krempelte er den Laden komplett um. Die *AAS* verkaufte nun nicht mehr mit Sex aufgemotzte schwarze Magie, sondern mit schwarzer Magie verbrämten Sex.

„Das ist er übrigens. Das ist Don Spears."

Die Höllenkunde ist ja nicht mein Fach – ich hab als junger Mensch „Rosemaries Baby" gesehen, obwohl ich eigentlich nur John Cassavetes sehen wollte: das hat meinen Bedarf an Ausgeburten der Hölle auf alle Zeit gedeckt –

und so spricht aus mir die Enttäuschung des Laien und Normalverbrauchers. Ich meine: ich hätte mir von einem Fürsten Astaroth halt schon erwartet, daß er als seinen Botschafter eine charismatische Erscheinung vom Schlage eines Iggy Pop (oder noch besser: Keith Richards) verpflichtet.

Stattdessen macht sich unter tosendem Applaus und „Don! Don! Don!“-Sprechchören auf dem Podium vor dem Altar ein sagenhaft fetter Mittfünfziger am Mikrofon zu schaffen. Der ehemalige Lehrer trägt eine Brille mit Goldrand, Sandalen und einen raffiniert geschnittenen Lendenschurz, der seinen Bierbauch so richtig gut zur Geltung bringt und darüber hinaus suggeriert, darunter sei das Gehänge eines Zuchtbullen verborgen.

Don winkt jovial in die Menge, winkt seinen Auftraggebern zu, die heute anscheinend nur symbolisch, in Form des Styropordrachens und des Elefantenkopfes zugegen sind, und hält dann eine Rede, die im Auditorium immer wieder für schallendes Gelächter sorgt, von der ich aber kein Wort verstehe.

„Elefantös“, freut sich der Trainer.

„Und wann kommt seine neue Alte?“ frage ich. „Die interessiert mich mehr.“

„Sheena Spears zeigt sich nicht in der Öffentlichkeit“, sagt der Doc. „Die ist Tag und Nacht mit dem Management des *AAS*-Imperiums beschäftigt, schätze ich. Die zwei dirigieren inzwischen nämlich einen florierenden Versandhandel für einschlägige Mode in Leder, Lack und Latex, gut ein Dutzend Piercing-Studios in den USA und Europa und geben das Fachmagazin „AAS-News“ heraus, auf das wir beizeiten noch zurückkommen werden.“

Inzwischen hat der Trainer die Cassette gewechselt, und wir erleben, wie die *AAS*-Gemeinde im schnellen Vorlauf trinkt und ißt, ihre Hunde tritt und tätschelt oder Kolleginnen und Kollegen zujubelt, die nach vorn an den Altar gerufen werden, wo ihnen Don an Arsch und Busen faßt.

„Das geht noch Stunden so", sagt der Doc. „Mitarbeiter, Gönner und Freunde Astaroths werden von Don belobigt."

„Jetzt kommt gleich Kelly Nichols", ruft der Trainer.

Der Doc schaltet mit der Fernbedienung einen Gang runter, und tatsächlich: der Schwarm aller *Bravo*-Leser und Star einer Fernsehserie aus dem kalifornischen College-Milieu schwingt ihren in schwarzes Latex verpackten Hintern nach vorne zu Don, läßt sich von ihm befingern und richtet dann mit piepsiger Stimme eine Botschaft an die tobende Gemeinde, die mir der Doc simultan übersetzt.

„Auf daß die Sünde siegt", sagt Kellymaus und schüttelt ihre brünette Hollywood-Mähne.

„Auf daß die Sünde siegt", antwortet das Auditorium wie aus einem Munde.

Kelly wirft Astaroth und Behemoth Kußhändchen zu, Don faßt Kelly forsch zwischen die Beine, und sie lächelt dabei in die Kamera, als würde ihr eben der „Tony-Award" überreicht.

„Wunderbar!" sage ich. „Höchstes Niveau!"

Ich hatte mit drei Stunden Whitney gerechnet und bekomme eine Heimvideo-Produktion von ausgesuchtem Unterhaltungswert, die mich an einen Wochenschaubericht meiner Jugend (im Vorprogramm zu „Rosmaries Baby"?) erinnert: *Tupperware* lädt Amerikas emsigste Hausfrauen zur Jahresvollversammlung, und belohnt die fleißigste *Tupperware*-Gastgeberin mit einem nagelneuen Kleinwagen. Nicht auszudenken, wie es um die Küchen und Schlafzimmer dieser Welt bestellt wäre, wenn der Besuch von Astaroth und Behemoth den alten Herrn Earl Tupper zum sexuellen Freischärler gemacht hätte.

„Am Ende jeder Thanksgiving-Feier der *AAS* steht, keiner bestimmten satanischen Tradition folgend, die Angelobung jenes Paares, das nach einer Latte von Vorausscheidungen dazu auserwählt wurde, im folgenden Geschäftsjahr Werbeträger der *AAS*-Kollektion zu sein", erklärt der Doc den umjubelten Auftritt eines schwarzhaarigen Feschaks und einer schmollmundigen Blondine mit enormen Titten.

Die Totale zeigt eine mittlerweile schon etwas derangierte Festtagsgemeinde. Der Satansbraten ist längst verputzt. Der kalifornische Rote tut seine Wirkung. Eine resolute Dame hebt das Röckchen und pinkelt dem ihr hündisch ergebenen Begleiter in den weit aufgerissenen Mund. Damit stiehlt sie dem Siegerpärchen auf dem Podium kurzfristig die Show.

Der Trainer klopft sich vor Begeisterung auf die Schenkel.

Aber unser Kameramann mit dem unruhigen Händchen übernimmt wieder das Kommando und zeigt uns hautnah, was der Feschak und die Blonde so alles zu bieten haben: Astaroth, auf seinem fliegenden Drachen reitend, und Behemoth, den Dämon mit dem Elefantenkopf, in Unterrarm und Oberschenkel tätowiert und jede Menge satanischen Silberschmuck an Brustwarzen, Schwanz, Hodensack und Schamlippen. Die beiden Werbeträger demonstrieren an ihrem Partner mit Händen und Zähnen, daß das Zeug auch wirklich hält. Mit jedem Schmerzensschrei geht ein ergriffenes Raunen durch die Menge.

Für die recht überzeugende Simulation eines Geschlechtsaktes a tergo (wie unser Bassist und Sexualberater Horak sagen würde) gibt es sogar Szenenapplaus, und schlußendlich defilieren Don und ein Aufgebot seiner engsten Mitarbeiter, Gönner und Freunde an dem *AAS*-Traumpaar vorbei. Sie schlagen es zu Ehren Astaroths, je nach Lust und Laune mehr oder weniger heftig, mit Weidenruten, Reitgerte oder einem Buschen Brennesseln, – Requisiten, die von zwei „Glücksrad"-Assistentinnen in Strapsen und Kleppermantel zur Verteilung gebracht werden. Dazu gibt es Discomusik aus den 70er-Jahren. Die Bee Gees singen „Stayin Alive".

Ob der offizielle Teil der Jahresvollversammlung damit abgeschlossen ist und wie bei der Astaroth Appreciation Society der private, gemütliche Teil des Abends aussieht, werden wir wohl nie erfahren. Die sechste und letzte Cassette ist zu Ende.

„Schade", sagt der Trainer. Und der Doc gähnt.

„Tja", sage ich. „Und was lernen wir daraus? Ich hab nicht den Eindruck, daß das Werk, so beeindruckend es auch sein mag, für den Verleih oder Verkauf bestimmt ist."

Der Doc hat das ganz ähnlich gesehen, erfahre ich, und in den frühen Morgenstunden per Fax seine zumindest dubiosen Informanten in der Neuen Welt um Rat gefragt.

Er drückt mir zwei Seiten eines Faxes in die Hand, das ihn um zirka 7 Uhr MEZ aus Baton Rouge, Louisiana, erreicht hat. Es zeigt das Titelblatt der vorjährigen Weihnachtsnummer der „AAS-News". Und das verspricht auf 72 Seiten höllische Dinge wie das Astaroth-Horoskop fürs neue Jahr, die Termine der *AAS*-Clubbings „all over the world", einen atemberaubenden Bildbericht von der „Astaroth Celebration Night" in Santa Monica und jede Menge „bizarre pleasures" mit dem *AAS*-Mädchen des Jahres.

Die enormen Brüste der blonden Werbeträgerin sind mit Silberschmuck aus der *AAS*-Kollektion dekoriert wie ein Christbaum.

Wirklich bizarr an der zweiten Seite des Fax finde ich nicht so sehr die Vergnügungen, denen sich die Blonde und ihr Feschak auf drei unterbelichteten Fotos hingeben, sondern den Inhalt einer der Bildunterzeilen:

"Let's have a rubber ball!" Donna, a rock'n'roll singer from Vienna, Austria, dresses up for pleasure and pain.

14

„In den Fünfzehnten. Reindorfgasse“, sage ich zu dem Taxler, der uns noch vorm Einsteigen vor die Alternative gestellt hat: „Bei mir wird ned graucht. Oder Sie warten auf an Kollegen.“

Wir können nicht warten, also wird nicht geraucht. Der Trainer muß zu seinem froschgrünen Boliden und damit schleunigst heim zu Katharina, den Kindern und den Katzen. Und ich muß unter die Dusche und in eine Schale, in der ich zwar meinen Grundsätzen treu bleiben, aber in einem Nobelrestaurant hoch über den Dächern der Stadt trotzdem Einlaß finden kann.

Ich sitze im Taxi und stehe das erste Mal seit einer Ewigkeit vor dem Problem, nicht zu wissen, was ich anziehen soll.

Schuld an meinem Dilemma ist Marlene. Sie hat mir über die Rezeption des *Palace* ausrichten lassen, daß sie einen Tisch oben im *Haas-Haus* reserviert hat und mich ab 20 Uhr an der Bar erwartet.

Ich will den Trainer fragen, ob er mir sein Salz & Pfeffer-Sakko leiht, aber da ist er schon eingeschlafen.

Also denke ich an Marlene, meinen Kleiderschrank, den Kleiderschrank von *AAS*-Bräuten wie Elfriede „Donna“ Tomschik und an die Lederjacke des Wickerl Auer.

Der Trainer und ich hatten sie in unserer Aufregung gestern Nacht völlig vergessen. Und Doktor Trash, der – ich weiß nicht, ob ich das schon erwähnt habe – ein ähnliches Schicksal zu tragen hat wie unser Trainer, nämlich Besitzer eines anständigen bürgerlichen Namens zu sein, an den sich nur leider niemand erinnern kann, hat mich beim Gehen wieder auf den Janker gebracht.

„Den Inhalt der Taschen und des Futters kontrollieren“, hatte er mir mit auf den Weg gegeben, „diesen und die heute neu gewonnenen Erkenntnisse hinsichtlich eines möglichen Zusammenhanges überpüfen. Und mich anrufen, anstatt voreilige Schlußfolgerungen zu ziehen. Aber nicht vor zehn. Ich muß jetzt arbeiten."

Der Doc verdient sich sein täglich Brot zur Zeit als Konsulent einer japanischen TV-Produktionsfirma, die in einer 18-teiligen Serie die ganze Wahrheit über die Tragödie von Mayerling ans Licht bringen will.

Als wir vom Gürtel in die Sechshauser Straße einbiegen, disponiere ich kurzfristig um.

„Wir steigen früher aus", sage ich zum Taxler. „Nach der Kreuzung, links bei dem Espresso."

„Haben Sie damit leicht was zu tun?", fragt er.

„Womit?"

„Na, mit dem Espresso", sagt der Taxler. „Hören Sie ka Radio?"

Vor dem *Rallye* wird der Verkehr heute einspurig geführt. Die linke Hälfte der Fahrbahn ist mit drei Funkstreifen, den Dienstwagen der Kriminalpolizei und Fahrzeugen der Spurensicherung zugeparkt.

„Trainer", sage ich leise.

Der Trainer brummt im Schlaf.

„Also was jetzt?" fragt der Taxler.

„Ich steig aus", sage ich. „Und der Kollege fährt weiter."

Dann drücke ich dem Trainer den zweiten Hunderter des Tages in die Hand.

„Super", sagt er, blinzelt kurz und zufrieden den Eugen Böhm v. Bawerk an und läßt ihn dann in der Hosentasche verschwinden.

„Das nächste Mal zahl ich."

Als ich die Wagentür zuschlage, schläft er schon wieder tief und fest.

15

„So, Herr Doktor“, sagt Brunner und setzt sich zu mir an den Tisch neben der Jukebox, an dem ich letzte Nacht mit Marlene gesessen bin.

„Jetzt reden wir einmal Tacheles.“

„Jederzeit. Gern“, sage ich. „Aber ich bin Ihnen, fürcht ich, keine große Hilfe. Ich brauch jetzt dringend einen Cognac.“

„Das lassen Sie ruhig meine Sorge sein“, sagt Brunner, macht aber keine Anstalten, mir von der Bar was zur Beruhigung zu besorgen. Stattdessen raucht er sich eine an und will von mir wissen, was ich weiß.

„Über die Sauerei da draußen“, sagt er und zeigt mit seiner Zigarette in Richtung Hof.

„Ich weiß nur“, sage ich, „was ich in den letzten zehn Minuten aufgeschnappt hab. Hätten Sie vielleicht eine Zigarette für mich?“

Brunner hat. Und läßt mich nicht aus den Augen, als ich sie mir mit einem Streichholz anzünde. Das Zittern meiner Hände ist nicht gespielt und der dringende Wunsch nach was Hochprozentigem auch nicht.

„Der Herr Josef hat sicher nix dagegen“, sage ich und deute in Richtung Bar.

Brunner nickt.

Ich stehe auf, gehe hinter die Theke und hole die Flasche Scharlachberg aus dem verspiegelten Regal über dem Bierzapf.

„Auch einen?“

„Einen Einfachen“, sagt Brunner. „Die Sauerei kostet mich wieder die halbe Nacht. Bis der Weinhofer aufwacht und vernehmungsfähig ist, das dauert Stunden.“

„Und der junge Kollege, der Herr Skocik?“ frage ich, und schenke uns zwei großzügige Scharlachberg ein.

„Sehen Sie ihn irgendwo?" fragt Brunner, und sein Ton wird gallig. „Wo is er denn, der junge Kollege?"

„Keine Ahnung."

„Im Krankenstand is er. Liegt daheim im Bett und schaut fern oder schnackselt mit seiner Dulcinea. Jetzt kommt das Wochenende, da wird er sich weiter ausschlafen oder auskurieren, und am Montag, wann er wieder frisch und munter is, is jede Spur so kalt wie der Arsch von einer Gürtelhur. So schaut's aus, Herr Doktor."

„Zum Wohl", sage ich und drücke dem leidgeprüften Krimineser seinen Schwenker in die Hand.

„Auf den Herrgott! Auf daß ein Wunder gschieht! Ein kleines tät schon reichen", bringt Brunner einen Trinkspruch aus. „Den Luksch-Buben macht nix mehr lebendig, und der Weinhofer is ein zacher alter Hund, der erfangt sich schon wieder, aber so wie's ausschaut is da ein Wahnsinniger am Werk, der vorgestern auf den Gusto gekommen ist. Der is im Blutrausch, und da kann nur ein Wunder helfen. Zum Wohl, Herr Doktor."

Brunner nimmt einen kräftigen Schluck und wischt sich mit dem Handrücken über den Mund.

Dann redet er Tacheles.

Heute am Vormittag hat die Besatzung der Funkstreife „Walter 3" den Wagen des Auer Wickerl gefunden, nicht einmal eine Minute vom *Rallye* entfernt, in der Arnsteingasse.

Im Kofferraum des alten Audi stellte man zwei Kartons mit CD-Hüllen (Whitney Houston) und drei Kisten mit Videocassetten („Erbarmungslos", „Das Schweigen der Lämmer", „Gesichter des Todes VII") sicher.

Eine Überprüfung der Firma *Media Sales* brachte kein konkretes Ergebnis. Der „Tonträger-und Videogroßhandel" im 23. Bezirk besteht aus einem einzigen Raum mit Telefon- und Faxanschluß, und einer weiblichen Halbtagskraft, deren Aufgabe darin besteht, die per Fax oder auf Anrufbeantworter eingegangenen Bestellungen an einen Herrn Krusch in Langenzersdorf (Audio) und eine Frau Schiller in Gleisdorf bei Graz (Video) weiterzuleiten. Über den Standort des Warenlagers und weitere Mitarbeiter von *Media Sales*, konkret einen Ludwig Auer, sei ihr nichts bekannt.

Die Wirtschaftspolizei interessiert sich im Zuge internationaler Ermittlungen seit längerer Zeit für ein Unternehmen namens „Media Trade". Und *Media Sales* ist eine der vielen Tochterfirmen dieses über ganz Europa verzweigten, und in seiner Struktur höchst undurchschaubaren Unternehmens, das – mehr will und kann Brunner dazu nicht sagen – im Verdacht steht, eine internationale Organisation von Tonträger- und Videopiraten zu sein.

In der Wohnung des toten Wickerl fand man ein Schulheft, vollgekritzelt mit, so Brunner, „patschert gefälschten Unterschriften von Privaten und Prominenten, darunter auch die von Ihnen, Herr Doktor".

Und ein halbes Dutzend nicht vollendeter Briefe an die Elfriede Tomschik, die Sängerin seiner Band, offensichtlich abgefaßt unter Einfluß von Drogen oder zu viel Alkohol, denn da ist ständig nur vom Teufel die Rede und davon, daß er ihre große und ewige Liebe zerstört hat und daß er, der Wickerl, seiner offensichtlich Verflossenen jetzt beweisen wird, daß er zu noch teuflischeren Dingen fähig ist als der Leibhaftige oder einer seiner Spießgesellen.

Die Befragung der Elfriede Tomschik und ihrer Kollegen ergab, daß der Wickerl wegen übermäßigen Alkohol- und Drogenkonsums für seine Kollegen nicht mehr tragbar gewesen war und daß ihn die Donna aus der Band geworfen hatte, nachdem er zu einem für die Zukunft der Band immens wichtigen Konzert eine Stunde zu spät und im Vollrausch an den Auftrittsort gekommen war.

„Übrigens eine fesche Frau, die Tomschik", sagt Brunner. „Und ned blöd. Kennen Sie s'?"

„Nicht persönlich", sage ich. „Leider."

Brunner schaut traurig in seinen leeren Cognac-Schwenker und ich hole Nachschub. Schon das dritte Mal. Diesmal nehme ich die ganze Flasche mit an den Tisch.

„Der Herr Josef wird's überleben", sagt Brunner und lacht.

„Aber was ist da heute eigentlich genau passiert?" frage ich.

Brunner trinkt. Und redet weiter Tacheles. Schon mit schwerer Zunge.

Nach dem Mittagessen ist eine Bewohnerin des Hauses mit dem Mist runter in den Hof und hat dort den Rudi getroffen, der Kisten mit leeren Flaschen vom *Rallye* in den Schuppen geschleppt hat. Sie hat Guten Tag gesagt und er hat Guten Tag gesagt, dann hat sie, wieder oben in der Wohnung, gehört, wie im Schuppen die Kisten gestapelt und umgeräumt wurden. Der Rudi, an sich ein netter, freundlicher Bursch, hat dabei immer einen Höllenlärm gemacht. Aber heute war er ganz besonders laut.

Weil ihr schon der Schädel gebrummt hat von dem Krach, ist die Nachbarin wieder runter, um den Rudi zu bitten, doch etwas leiser zu sein. Als sie in den Hof gekommen ist, war es plötzlich still im Schuppen. Aber das Licht hat gebrannt, und so ist sie reingegangen, um dem Rudi freundlich aber bestimmt, wie das so ihre Art ist, zu sagen, daß er nicht allein auf der Welt ist, daß man Bierkisten auch leiser schlichten kann und daß er sich das für die Zukunft merken soll.

Im Schuppen ist ihr zuerst einmal aufgefallen, daß der Rudi heute keine Ordnung, sondern eine Sauwirtschaft gemacht hat. Die Kistenstapel waren umgeworfen, die Flaschen in Scherben auf dem Boden.

Dann hat die gute Frau den Herrn Josef gefunden. Er ist unter einem der umgestürzten Stapel gelegen, hat sich nicht gerührt und aus einer großen Wunde am Kopf geblutet. Vom Rudi war nichts zu sehen und zu hören.

Also ist sie ins *Rallye*, um Hilfe zu holen. Dort ist nur der Herr Doldinger gesessen, ein alter Stammgast, und hat gesagt, der Rudi sei im Schuppen und der Herr Josef käme gleich wieder, der sei vor ein paar Minuten nach hinten gegangen, um nachzuschauen, warum der Bub so lange für seine Arbeit braucht. Die Nachbarin hat daraufhin mit dem Münztelefon des *Rallye* die Rettung angerufen und den Unfall gemeldet.

Die Sanitäter haben die Anruferin im *Rallye* bei einem Stamperl Obstler und den bewußtlosen Weinhofer im Schuppen unter den Kisten gefunden.

Der Fahrer hat mit ihr den Unfallbericht gemacht und sich in dem Chaos umgesehen. Dabei ist ihm eine breite Blutspur von der verstaubten Verstärkeranlage des Wickerl Auer zu einer Tiefkühltruhe aufgefallen.

Daraufhin hat er so ziemlich alles gemacht, was verboten ist: Er hat die hinteren Winkel des Schuppens abgesucht, ist überall reingetrampelt und hat alles angefaßt. Schließlich hat er den Deckel der Tiefkühltruhe aufgemacht, und da ist der Rudi gelegen. Mit durchschnittener Kehle und aufgeschlitztem Bauch.

Die Nachbarin hat einen Blick in die Truhe geworfen und ist in Ohnmacht gefallen. Sie ist jetzt, wie der schwerverletzte Weinhofer, im Meidlinger Unfallspital, wird aber noch heute Abend entlassen.

„Tja, Herr Doktor", sagt Brunner. „So schaut's aus. Keine Tatwaffe, keine brauchbaren Spuren, weil der Depp von der Rettung mit seinen Klofingern überall hingetappt hat, und ein möglicher Zeuge, den mir die Knochenflicker erst wieder zsammstückeln müssen, bevor er mir erzählen kann, daß er nix gesehen hat, weil alles so schnell gegangen ist."

„Aber die Handschrift", sage ich. „Der Irre hat den Rudi genauso hergerichtet wie den Wickerl. Das is doch ein Hinweis."

„Freilich", sagt Brunner bitter. „Das is ein Hinweis. Und zwar darauf, daß er hundert Mal schwerer zu kriegen ist als jeder andere. Der Typ ist krank in der Birne, aber er is nicht blöd. Ganz im Gegenteil. Und er hat kein Motiv, das sich Schlauberger von unserem Kaliber, Herr Doktor, an unsere zehn Finger ausrechnen können."

„Verstehe", sage ich. Und hätte zu gern gewußt, ob die Bananenkisten noch an ihrem Platz im Schuppen hinter den *Marshall*-Boxen stehen. Denn die speckige Lederjacke des Auer Wickerl hängt nicht mehr am Haken neben der Tür.

„Wir bleiben in Verbindung", sagt Brunner, als ich ihn mit seinen Problemen und einem kleinen Rest vom Scharlachberg alleinlasse.

„Unbedingt", sage ich.

16

Die mörderischen Vorkommnisse im *Rallye* haben nicht nur meinen Terminplan durcheinandergebracht.

Als ich um halb neun in der obersten Etage des *Haas-Hauses* aus dem Lift steige, bin ich weder frisch geduscht noch in Schale und muß auf die Empfangsdame einen derart hilflosen und verlorenen Eindruck machen, daß sie mich sofort und wie ein Schülerlotse den ihm anvertrauten Taferlklassler durch den gedämpften Trubel des Restaurants in die Bar eskortiert. Dort werde ich abgegeben. Bei Marlene, die in einem jadegrünen Kostüm und vor einem jadegrünen Cocktail auf mich wartet.

„Schön“, sagt sie nur, als ich ihr gegenübersitze und nicht weiß, wo ich anfangen soll.

Wenn ich ihr als Entschuldigung für mein Zuspätkommen die Wahrheit erzähle, wirft das kein gutes Licht auf meinen Umgang. Wenn ich mich für die halbe Wahrheit entscheide, also Mord und (versuchten) Totschlag ausspare und mich auf die sechs Stunden der ungekürzten Videofassung von Fürst Astaroths Thanksgiving-Party ausrede, könnte Marlene einen völlig falschen Eindruck von meinen religiösen und sittlichen Prinzipien bekommen, wortlos aufstehen und das Lokal und mich auf Nimmerwiedersehen verlassen. Und wenn ich ganz einfach sage, daß ich die halbe Stunde, die sie hier sitzt und auf mich wartet, damit zugebracht habe, Willie Nelson in einen Bogen Geschenkpapier zu verpacken? Das weist mich zwar als Besitzer von zwei linken Händen aus, aber jeder Mensch hat so seine Fehler, und ich finde, man sollte nicht versuchen, sie vor dem Partner zu verbergen, denn früher oder später kommen sie ohnehin ans Licht und nichts ist schlimmer als ein spätes, böses Erwachen.

Also hole ich Willie Nelson aus der Tasche, lege ihn neben Marlenes jadegrünen Drink auf den Tisch und sage, daß sie ihn auch schon vor Weihnachten auspacken darf, und, wenn es ihre Neugierde nicht anders zuläßt, sogar jetzt gleich.

Marlene äugt ungläubig auf das Päckchen.

„Für mich?“ fragt sie auf französisch.

Dann strahlt sie. So muß sie als kleines Mädchen unter ihrem kanadischen Christbaum ausgesehen haben, vorausgesetzt, zu den franko-kanadischen Kindern von Quebec kommt das Christkind und bringt, wie sich das gehört, einen Weihnachtsbaum; oder reitet da der Santa Claus auf einem singenden Rentier ein, und das ausgerechnet durch den Kamin?

Marlene reißt in Rekordzeit das unter viel Mühen und Fluchen angefertigte Päckchen auf und redet auch noch in aufgeregtem Französisch vor sich hin, als sie Willie Nelson vom Geschenkpapier befreit hat.

„Schön", sagt sie ein zweites Mal.

Und dann weint sie, glaube ich. So genau kann ich das bei der schummrigen Beleuchtung in der Bar nicht sehen. Jedenfalls schnieft sie, nimmt ein Papiertaschentuch aus ihrer Handtasche und schneuzt sich laut und deutlich.

Sofort ist ein Kellner an unserem Tisch.

„Haben die Herrschaften noch einen Wunsch?"

Ich zähle im Stillen die Scharlachberg mit Brunner und sage zu Marlene:

„Ich glaub, wir sollten langsam was essen."

Am reservierten Fensterplatz mit Blick auf den Stephansdom esse ich ein Steak und Marlene ein Krusten- oder Schalentier, dessen Verzehr einige Vorbildung erfordert. Ich hätte das rote Monster nach den ersten gescheiterten Versuchen, durch die knochenharte Schale zum fleischigen Kern vorzudringen, ja wieder zurückgeschickt mit der Bitte um eine krustenfreie Anfänger-Version, aber Marlene kennt sich aus und holt aus dem Panzer der seltsamen Kreatur zumindest ein paar Bissen an eßbaren Weichteilen heraus.

„Ausgezeichnet", sagt sie.

Ich bleibe skeptisch. Und halte mich an den ausgezeichneten Weißen.

Als Nachtisch gibt es Beerenmus mit Schokoladesauce und die Geschichte von Bert. Er war Jazzmusiker in Berlin. Ein großer Freigeist und Trinker und Marlenes erster Mann. Sie hat in Berlin Deutsch und Kunstgeschichte studiert, nachts zur Aufbesserung des monatlichen Schecks aus dem fernen Elternhaus in einem Club serviert und sich dort in den Klavierspieler verliebt. 1972 wurde geheiratet, im selben Jahr kamen die Zwillinge zur Welt, Sarah und Gilbert. Zwei Jahre später war Bert vom Jazz auf Werbe-Jingles gekommen, aber davon konnte man leben. Und dann ging er eines Sonntag morgens Zigaretten holen und kam nicht wieder. Er hat am Heimweg vom Zigarettenautomaten einen Bus übersehen, und der trennte Bert den Kopf ab.

Ich weiß nicht, ist es der Wein oder liegt es daran, daß ich in den letzten Tagen eine – zumindest für einen Urlauber – ziemliche Fülle an nicht ganz streßfreien Begegnungen und Erlebnissen hatte, aber in meiner Erinnerung klafft, in Bezug auf Marlenes Biografie, ein schwarzes Loch von mindestens zehn Jahren.

Es ist angeräumt mit Bilderblitzen von Tiefkühltruhen, Whitney-Houston-CDs, Elefantenköpfen, perforierten Brustwarzen, speckigen Lederjacken, Don-Johnson-Doubles, Blut.

„Was ist es?" höre ich Marlenes Stimme.

„Was?"

„Was bedrückt dich?"

„Nixnix."

„Rede ich zu viel?"

„Es is nix", sage ich. „Nur das Alter. Das viele Essen. Kein Kaffee."

Marlene lächelt mich an und nimmt meine Hand.

„Vielleicht später", sagt sie. „Ich höre dir gerne zu."

Ich habe plötzlich das Gefühl, daß Marlene viel besser Bescheid weiß als ich. Vielleicht nicht über den Tod vom Rudi und vom Wickerl und den Schlächter von Sechshaus. Aber über mich. Zum Beispiel.

Und das Schlimme daran ist, daß mich das garnicht stört.

„Letzte Nacht warst du an der Reihe", sagt sie. „Und heute möchte ich dir etwas zeigen."

Es ist zirka doppelt so groß wie mein Elendsquartier in der Reindorfgasse, in freundlichen Pastellfarben tapeziert, und sämtliche Elektrogeräte, von der Trockenhaube im Bad bis zum CD-Player mit Fernbedienung funktionieren einwandfrei.

Willie Nelson singt „Whisky River don't run dry". Und angesichts der mobilen Hausbar, die neben einem Sortiment an Scotch und Bourbon auch den feinen irischen und den mir nicht so geläufigen kanadischen Whisky führt, mache ich mir darüber keine ernsthaften Sorgen.

Marlene und ich testen in der lachsfarbenen Sitzgruppe im Wohn- und Arbeitszimmer ihrer Suite einen fünfzehn Jahre alten *Canadian Club*. Vielleicht liegt es an den Bleikristallgläsern, vielleicht an Marlenes Nähe, jedenfalls habe ich noch nie im Leben eine solch köstliche Kostbarkeit getrunken.

Für Marlene ist das Alltag. Sie kann, wenn ihr der Sinn danach steht, die gesamten *Canadian Club*-Vorräte des Hauses ordern und aussaufen, denn schließlich gehört ihr der Laden. Oder zumindest ihrem Mann.

„David kauft Hotels", hat sie mich vorhin im Lift aufgeklärt, nachdem sie im Foyer vom Nachtmanager mit einer devoten Freundlichkeit empfangen worden war, die er garantiert nur bei staatstragenden Gästen raushängen läßt.

Madame Thompson hin, Madame Thompson her, haben Madame noch einen Wunsch, wünsche Madame wohl zu ruhen. Und das auf französisch.

Mister Thompson erledigt seine Hoteleinkäufe von seinem Schreibtisch in Quebec aus, die meisten der 144 Häuser, die er sich im Laufe eines langen, arbeitsreichen Lebens angeschafft hat, kennt er nicht einmal persönlich. Ihm reichen die Auslastungsquoten und Bilanzen, und eine repräsentative Frau, die acht Monate im Jahr die Welt bereist, in seinen Häusern logiert und die viele Freizeit damit verbringt, mit alten Standuhren zu handeln.

Das *Palace* ist seit vier Jahren Teil des Thompson-

Imperiums. Wenn sich der Geschäftsgang nicht bald drastisch verbessert, wird es der alte David im nächsten Jahr abstoßen, an die Japaner oder an einen Scheich.

Marlene bleiben dann immer noch 143 Paläste auf drei Kontinenten, in denen sie gratis *Canadian Club* trinken kann. Allein.

„Weißt du, was geschehen ist?" sagt sie, als ich mit dem Glas in der Hand in der Tür zum Badezimmer stehe und drei Marlenen dabei zusehe, wie sie vor den getönten Spiegelfliesen aus ihren jadegrünen Kostümen steigen.

„Nicht genau", sage ich.

Die drei Sensationen tragen jadegrüne Unterwäsche, aber nur eine sagt:

„Ich habe mich verliebt. Und das ist nicht gut."

17

Das Leben ist bekanntlich ein Hund. Also gönnt es mir nach einer langen Nacht in Marlenes Pastell-Palast, die nach einem üppigen Frühstück bis in den späten Nachmittag hinein prolongiert wurde, keine Stunden der Einkehr und Besinnung.

Konträr: von unserem Refugium jenseits von Zeit und Raum verschlägt es mich, nach kurzem Zwischenstop in meiner bescheidenen Hütte, in die resopale Realität der Berufsschule Längenfeldgasse.

Festsaal. 20 Uhr 30. Die beiden Vorgruppen, „Doomesday" und „Fist F*ck", konnten das Publikum anscheinend nicht in die Knie zwingen. Die zirka 500 mehrheitlich männlichen Konzertbesucher sind in bester Bierlaune, geben sich alle Mühe, wild und gefährlich auszusehen, und ein paar sind es auch.

Als ich, in Begleitung des Trainers und seiner Frau

Katharina, das überfüllte Foyer betrete, formieren sich eben sechs rauhe Gesellen, deren Applikationen auf den Jeansjacken die Vermutung nahelegen, daß sie lieber Danzig, Iron Maiden und Metallica hören würden als das lokale Package Doomesday / Fist F*ck / Mom & Dead, zu einem Stoßtrupp und unternehmen ohne Rücksicht auf Verluste einen Vorstoß in Richtung Ausschank. Das Handgemenge veranlaßt das Dutzend schmalbrüstiger Ordner zum geordneten Rückzug, und der Stoßtrupp kriegt sein Bier vor allen anderen. Wer das nicht richtig findet und es wagt, laut Kritik anzubringen, kriegt ein Bier ins Gesicht.

Angesichts der Turbulenzen an der Ausschank verzichtet Katharina auf ihren Gspritzen, und der Trainer und ich auf unseren Hopfentee. Ein Teenager mit Bon Jovi am Leiberl will von mir ein Autogramm. Für seinen Vater. Und zwei auf volljährig geschminkte Vierzehnjährige, die laut T-Shirt vorhaben, 4 Non Blondes bis in den Tod zu folgen, fragen mich kichernd, ob ich wirklich der Kurtl bin.

„Nein", sage ich.

„Na sixt", sagt die eine im Weggehen, „Ich hab dir gleich gsagt, der Typ is viel zu alt."

Wir ziehen uns in das Dunkel des Saales zurück. Auf der Bühne wird umgebaut, und die Lautstärke der Pausenmusik läßt Fürchterliches erahnen.

„Super Idee", brülle ich dem Trainer ins Ohr.

„Eh", brüllt er zurück.

Und Katharina gähnt. Sie hat die ganze Nacht kein Auge zugetan, weil die drei Katzen der Trainer-Familie die ganze Nacht kein Auge zugetan haben. Sie lieferten sich eine wilde Schlacht um die Hühnerschnitzel, die zum Auftauen auf der Abtropftasse der Abwasch lagen.

Trotz schwerer Übermüdung will sich Katharina das erste Konzert von „Mom & Dead" mit neuem Bassisten nicht entgehen lassen. Erstens, vermute ich, weil ihr der Trainer lang und breit von der Gefährlichkeit und den Ausschweifungen der singenden Satansbraut Donna erzählt hat und Katharina jetzt um das seelische Wohl und die körperliche Sicherheit ihres Gatten besorgt ist; und zweitens, weil der Nachfolger des Auer Wickerl ein alter Bekannter des Trainer-Paares ist und seinen Freunden gleich ein Freikartenkontingent in beinah unbegrenzter Höhe angeboten hat.

Der Neue ist, im Unterschied zum Wickerl, eine verläßliche Kraft, heißt Thomas „Turbo" Turnstaller, und auch ich bin ihm in den vergangenen zwanzig Jahren in diversen Proberäumen, Garderoben und Studios des öfteren über den Weg gelaufen. Ein zurückhaltender netter Mensch und kompetenter Musikant, der sehr früh erkannt hat, daß man in der heimischen Szene nur in Ruhe alt werden kann, wenn man sich die Wandlungsfähigkeit eines Chamäleons aneignet.

Ich sah den jungen Turbo bei seinem ersten Job, als Bassisten des lokalen Santana-Verschnitts „Abraxas" mit Stirnband und Hippiemähne; ich sah ihn wieder mit wasserstoffblonder Stachelfrisur als „Sting von Wien" in der Neue-Welle-Combo „Tanzverbot"; ich sah ihn zuletzt im Fernsehen, bei einer „Song Contest"-Vorausscheidung, mit Stirnglatze, Schnurrbart und im Smoking.

Und in all den Jahren mit ihren Moden, Trends und Maskeraden blieb er seinem Markenzeichen treu: Der Turbo stand immer auf der Bühne wie ein Hydrant.

Daß dieser alte Freund der Familie gestern angerufen und den Trainer plus Anhang zu seiner „Mom & Dead"-Premiere eingeladen hat, kann kein Zufall sein. Das ist mindestens ein Wink des Schicksals.

„Sowas spür ich im Urin", meinte der Trainer am Telefon, als er mich endlich, gleich nach meiner Rückkehr aus Marlenes Suite, daheim aufgespürt hatte.

Das klang einleuchtend. Dagegen hatte ich keine überzeugenden Argumente. Mein bescheidener Einwand, wir sollten angesichts der gestrigen Tragödie im Schuppen des *Rallye* die ganze Angelegenheit vielleicht doch besser Leuten überlassen, die etwas von ihrem Handwerk verstehen, dem Duo Brunner/Skocik zum Beispiel, wurde vom Trainer mit einem gequälten Stoßseufzer abgeschmettert

„Dazu is es jetzt zu spät“, sagte der Trainer. „Apropos: dein Brunner hat vorhin bei mir angerufen und was aufs Band geredet. Er kann dich nicht erreichen, es ist dringend und außerdem alles ganz anders, und du sollst dich bei ihm melden.“

Was ich nach dem Telefonat mit dem Trainer nicht getan habe, weil der alte Karasek anrief, um mich daran zu erinnern, daß ich morgen, Sonntag, in Stockerau zum Mittagessen erwartet werde und im Anschluß daran zur feierlichen Erstaufführung von drei fast fertigen Nummern, die der „King“ unter der Regie seines Sohnes, des Prinzen, im familieneigenen Heimstudio eingespielt hat.

Nachdem ich den „King“ durch meine Absage schwer beleidigt hatte, dachte ich an Marlene, und daß morgen unser letzter Tag sein würde, abends um halb sieben geht nämlich ihre Maschine nach Paris.

Für Brunner war kein Platz in meinen Gedanken, aber jetzt in dem Höllenwirbel fällt mir der überforderte Kriminalbeamte wieder ein.

„Sonst hat er nix gesagt?“ brülle ich den Trainer an, der seinerseits Katharina anbrüllt. Es geht um Katzenpolitik.

„Wer?“ schreit der Trainer.

„Der Brunner.“

„Nein. Aber in den Nachrichten haben sie gesagt, daß eine Sonderkommission den Fall übernehmen wird. Ab Montag.“

Dann geht das Saallicht aus und rote Nebel ziehen über die Bühne.

Der Schlagzeuger spielt schneller als ich hören kann. Turbo, der Hydrant, trägt heute schwarzes Leder und ein Schirmkapperl mit Totenkopf. Der Gschwinde kommt im Laufschritt auf die Bühne, schleift sich auf den Knien ein und spielt mit den Zähnen ein Intro, über dessen musikalische Aussage ich leider nichts berichten kann, weil es mir beim ersten Ton die Ohren verschlägt.

Das doch deutlich jüngere Stammpublikum zeigt sich beeindruckt. Aber so richtig in Fahrt kommt es erst, als nach etwa fünf Minuten Donna mit ihrem Auftritt die leidige Stilfrage ein für alle Mal beantwortet.

„Mom & Dead" sind Sex-Metal. Da fährt die Eisenbahn drüber.

Daß Donna ein fachkundiges Publikum zu unterhalten weiß, das hat sie in dem *AAS*-Video eindrucksvoll bewiesen. Der staunende Laie in der Berufsschule Längenfeldgasse ist von ihrer Performance aber geradezu gefesselt. Und daß Donna nicht nur mit den unübersehbaren Attributen ihrer Weiblichkeit aufführt, sondern auch über eine ganz passable Rockröhre verfügt, verleiht ihrer Vorstellung eine zusätzliche Dimension, die den vorstädtischen Resopal-Rahmen dieser Veranstaltung eindeutig sprengt.

In den exakt kalkulierten 50 Minuten ihres Sets sagt Donna kein Wort zu ihrem Publikum, kein „Hällo" und auch kein „Pfiat euch", was dem kritischen Betrachter so manche Peinlichkeit erspart, sie läßt den Lärm ihrer drei Begleiter sprechen, die Bühnenwirksamkeit ihrer strengen Klamotten aus dem *AAS*-Versandhauskatalog, den Christbaumbehang auf ihren Titten und eine Auswahl an Requisiten, die auch dem absolut Unbedarften in der letzten Reihe klarmachen, was uns die Künstlerin mit Versen wie „All you need is discipline / I'm gonna be your Bondage Queen" sagen will. Eine Band auf dem Weg nach oben, lautet das Urteil des Trainers.

Ich muß ihm beipflichten, obwohl Donnas Sinn für subtile Erotik nicht so ganz mein Fall ist.

Auf Katharina hat anscheinend weder die extreme Lautstärke, noch der clever inszenierte Gruselsex der Darbietung den gewünschten Effekt. Sie ist eingenickt und schlägt erst wieder die Augen auf, als „Mom & Dead“ für eine Zugabe wiederkommen.

Nach dem Blue-Öyster-Cult-Medley „Dominance And Submission / Golden Age Of Leather / Hot Rails To Hell“ ziehen wieder rote Nebel über die Bühne, und das Publikum drängt zu dem Verkaufsstand im Foyer, an dem „Mom & Dead“-Leiberln und „Mom & Dead“-Schirmkappen (aus Leder-Imitat) feilgeboten werden. Ein bescheidenes Angebot, aber gegen einen Unkostenbeitrag von öS 20.- wird dem Konzertbesucher über 18 auch der *AAS*-Katalog ausgefolgt, mit Donna am Cover und Donna plus Feschak in Leder, Lack und Latex auf 32 farbigen Seiten.

Wir nehmen ein Exemplar mit hinter die Bühne. Katharina studiert bei einem weißen Spritzer, was sie in der vergangenen knappen Stunde verschlafen hat, während der Trainer und ich die relative Stille in dem Gang vor den Garderoben genießen und mit dem Turbo über alte Zeiten und neue Aufgaben plaudern.

„Mom & Dead“ werden in den nächsten Monaten ihr erstes Album aufnehmen, das Songmaterial dafür haben wir heute gehört, und nach der Veröffentlichung im März/April ist eine Tournee geplant. Ein Dutzend Festivals, Jobs als Vorgruppe amerikanischer Heavy-Metal-Riesen, und im Sommer der Sprung über den großen Teich. Wenn alles klappt, spielen „Mom & Dead“ eine Club-Tour in Kalifornien und dem Südwesten. Der Turbo ist optimistisch. „Weil in der Band is nix typisch österreichisch“, sagt er. „Die Elfi weiß ganz genau, was sie will. Die macht Nägel mit Köpfen.“

Gleich darauf höre ich sie. Eine Stimme von beachtlichem Volumen dringt durch eine der drei Garderobentüren, auf denen Zettel mit dem „Mom & Dead"-Logo kleben.

„Ich hab freundlich Nein danke gsagt, und es hat nix gnutzt. Dann hab ich freundlich gsagt: Schleich di! Hat auch nix gnutzt. Also muß ich deutlicher werden ..."

Die Garderobentür fliegt auf.

Katharina blickt von ihrer Lektüre hoch und kann sich wenige Augenblicke später davon überzeugen, daß Elfriede „Donna" Tomschiks dekorierte Oberweite auch unter einem selbstgestrickten Schlabberpullover alle uns aus der einschlägigen Fachliteratur bekannten Rekorde bricht.

Donna verweist einen jungen Mann in Bügelfalten-Jeans mit einer herrischen Geste ihrer Garderobe.

„Hau di über die Häuser, laß di obe, mach was du willst! Nur bitte, komm nimmer zruck!"

Der junge Mann wirft einen Blick in die stumme Runde und strebt dann mit hochrotem Kopf und wortlos dem Ausgang zu.

Donna wirft ihm einen Plastikordner nach.

„Da! Ned vergessen!"

Der Ordner fliegt ein kurzes Stück, dann flattern ein paar Bogen Schreibpapier vor meinen Füßen zu Boden.

„Der Dichter?" fragt der Turbo und deutet mit dem Kopf grinsend in die Richtung, in die der ungeliebte Besucher abgegangen ist.

„Der Dichter", bestätigt Donna. „Und wo is das nächste Arschloch?"

Sie wirft einen funkelnden Blick in die Runde. Als sie bei mir angelangt ist, stutzt sie und legt ein andere Platte auf.

„Tag. Ich bin die Donna. Und du bist der Kurtl", sagt sie deutlich freundlicher. „Laß den Scheißdreck liegen."

Aber da habe ich den Ordner und die losen Blätter bereits vom Boden eingesammelt. Immerhin handelt es sich um das achte Buch eines Versepos in der Tradition von Wolfram von Eschenbach. Steht da, in dem kurzen Begleitschreiben.

Der Turbo macht seine Chefin mit Katharina und dem Trainer bekannt, sie nickt kurz und ohne großes Interesse in ihre Richtung und wendet sich gleich wieder mir zu.

„Beeindruckt?“ sagt sie und schenkt mir den Anflug eines Lächelns.

„Mindestens“, sage ich.

Die heiße Donna ist ein Typ, bei der man sich nur verkühlen kann. Aber ich bin nicht da, um mit ihr warm zu werden. Ich bin da, weil der Trainer im Urin hat, daß uns das weiterbringt.

„Hast du fünf Minuten Zeit?“ sage ich.

„Für dich? Mindestens“, sagt Donna.

18

„Red nicht so viel. Schau!“

Katharina ist schwer gereizt. Jeder Mensch, der länger als fünf Minuten neben dem Trainer am Beifahrersitz der froschgrünen Rostlaube sitzt, reagiert so oder ähnlich.

Ich halte den Trainer ja für den schlechtesten Autofahrer aller Zeiten. Darum sitze ich am liebsten direkt hinter ihm. Da sehe ich nicht, was er nicht sieht.

Der Trainer hat in seiner übervollen Birne die naive Vorstellung, die anderen Verkehrsteilnehmer würden für ihn auf Kleinigkeiten wie Vorrang, Einbahn oder rote Ampeln achten. Und weil ihn das Fahren auf Grund dieses Aberglaubens nicht auslastet, sucht er sich eine Nebenbeschäftigung, die ihn geistig auf Trab hält.

Auf der kurzen Fahrt von der Längenfeldgasse zum Gasthaus *Quell* entwirft er zum Beispiel ein neues Merchandising-Konzept für „Mom & Dead“. Der ärmliche Verkaufsstand muß einem Zelt aus schwarzer Baufolie weichen, in dem die gesamte Produktpalette der *AAS* angeboten wird und vom Publikum hinter Paravants auch gleich an- und ausprobiert werden kann. In weiterer Folge wäre ein mobiles Piercing-Studio angesagt, und das ist erst der Anfang.

Weiter kommt er nicht, denn Katharina nervt offensichtlich nicht nur der Fahrstil ihres Gatten.

„Jetzt schau endlich! Und du auch, Kurtl!“ sagt sie. „Der Citröen da hinten!“

Hinter uns chauffiert Freund Turbo in seinem schwarzen Leichenwagen, einem alten Mercedes-Combi mit getönten Scheiben, Donna und einen Steve mit norddeutschem Akzent, der uns als A&R-Manager von „Thunder“-Records vorgestellt wurde und dessen ebenso unverständliches wie unermüdliches Gequatsche ein Gespräch mit Donna bisher unmöglich gemacht hat.

„Das is doch der Turbo“, sagt der Trainer.

„Dahinter!“ kommt Katharina langsam in Rage. „Der weiße Citröen. Der fährt uns schon die ganze Zeit hinterher.“

„Darf er das nicht?“ legt der Trainer den Grundstein für einen ernsthaften Ehezwist.

„Kurtl, bitte sag dem Schwachkopf, daß in der Nacht, als dieser Wickerl ermordet wurde, gleich da vorn in der Sechshauser Straße ein weißer PKW gesehen wurde.“

„Ein weißer oder beiger PKW“, korrigiert sie der Trainer. „Und davon gibt's relativ viele in Wien.“

„Da hat er recht, der Trainer“, sage ich.

Aber Katharina bleibt dabei. Wir werden verfolgt, von einem weißen Citröen, mit – was weiß man? – dem Schlächter von Sechshaus am Steuer. Und der wird als nächstes nicht die Donna umbringen, denn die ist eine Frau, sagt Katharina, die jeden Tag in Drachenblut badet und folglich unverwundbar ist, sondern den Turbo, den Dampfplauderer aus der Piefkei, den Trainer oder mich.

„Und was ist mit dir?“ fragt der Trainer, als wir uns vorm *Quell* einparken. „Du bist aus’m Schneider?“

„Ich reiß ihm die Eier aus, so schnell kann der gar nicht schauen“, sagt Katharina und klettert aus dem Wagen.

Der Leichenwagen hält hinter uns. Kein weißer Citröen, auch kein anderes Fahrzeug ist ihm auf den Fersen.

„Jetzt ist er weg“, sagt Katharina.

Aber die Sache nagt an ihr. Sie faßt sich den verdutzten Turbo.

„Ist dir beim Herfahren was aufgefallen?“

„Ja“, sagt er. „Leider.“

Dann tippt sich der erklärte Drogengegner an die Nase und deutet mit dem Kopf auf Donna und Steve.

„Und euch?“ übergeht Katharina Turbos Wink.

„Habt ihr was gesehen?“

„Nö“, macht Steve. „Gab’s ’n UFO?“

„Meinst du den weißen Citröen?“ sagt Donna. „Ich hab zuerst geglaubt, der gehört zu uns. Und jetzt is er weg.“

„Doch’n UFO“, lacht Steve und macht für den Trainer und mich den Entertainer. „Vielleicht mit ganz vielen scharfen Bräuten an Bord. Und wir lassen die heißen Muschis ziehen. Scheiße, Jungs, was?“

„Ganz große Scheiße“, sage ich.

19

„Abgereist?“

„Abgereist“, bestätigt die Telefonistin.

„Sind Sie ganz sicher?“ sage ich. „Und sie hat keine Nachricht hinterlassen?“

„Nein, tut mir leid“, sagt die Telefonstimme ohne eine

Spur von Mitgefühl. „Madame Thompson hat keine Nachricht hinterlassen."

Ich lege auf.

Der Löskaffee schmeckt plötzlich wieder wie in der Zeit vor Marlene. Sensationell schlecht. Ich hole mir ein Bier aus dem Eis.

Kein langer Abschied in Pastell. Kein Sonntagnachmittag in Marlenes Gemächern, nackt unter saphirblauen Laken. Keine Mietwagenfahrt voll bedeutsamen Schweigens hinaus nach Schwechat. Keine letzte Umarmung am Flugfeld im Nebel.

An sich bin ich kein Freund des langen Abschieds. Aber bei Marlene hätte ich mit mir reden lassen. Und ihr plötzlicher, sang- und klangloser Abgang, der mir nicht den Funken einer Chance läßt, deprimiert mich.

Ich versuche mich zu erinnern, wie Kris Kristofferson diese Sonntagvormittage abbiegt, an denen man am liebsten stoned wäre. Ich glaube, er geht spazieren. Zum Kinderspielplatz und zur Sonntagsschule. Und weiter?

Die alten Schlager haben zwar viel Gutes, aber den entscheidenden heißen Tip, wie ich diesen Tiefschlag verwinden soll, haben sie nicht im Angebot.

Der Chevy hupt.

Der Trainer ist dran.

Die Wurstknödel, der Ersatz für die Hühnerschnitzel, die die Katzen gefressen haben, sind im Topf, und er will die 20 Minuten Kochzeit nutzen, um zu erfahren, was das gestrige Gespräch mit Donna gebracht hat. Denn nach dem mysteriösen Auf- und Abtauchen des weißen Citröen hat das Trainer-Paar, auf Drängen von Katharina, den *Quell*-Besuch storniert und ist nach Hause gefahren. Ohne weißen Citröen im Gefolge.

„Nix", sage ich.

„Was heißt nix?"

„Nix.“

„Nicht gut drauf heute, Kurtl, was?“ sagt der Trainer. „Schwere Ölung?“

„Ich war um halb eins im Bett. Und ich leg mich jetzt gleich wieder hin. Ich glaub, ich krieg eine Grippe“, sage ich.

„Alles psychosomatisch“, sagt der Trainer.

Und weil ich mir jetzt nicht zwanzig Minuten lang anhören will, was des Trainers Hausapotheke gegen das Verschwinden von Marlene zu bieten hat, gebe ich ihm lieber einen Kurzbericht über den unerquicklichen Rest des gestrigen Abends durch.

Donna und ihr Plattenmann dürften sich in der Berufsschulgarderobe tatsächlich kräftig die Nase gepudert haben, denn beim *Quell* waren sie unsäglich laut und lustig. Donna war laut und Steve war lustig. Eine für den Außenstehenden absolut unverträgliche Mischung.

Während sie über den drohenden Welterfolg von „Mom & Dead“ scherzten und über einen Videoclip, der die Hörgewohnheiten und das Sexualverhalten der Menschheit von Grund auf revolutionieren wird, versuchte ich mit dem Turbo ein einigermaßen vernünftiges Gespräch zu führen. Er erzählte über die beinharte Probenarbeit in den letzten zwei Wochen, über Donnas größten Fan, den „Dichter“, der natürlich kein Dichter ist, sondern irgendein Student, der ihr immer Gedichte schickt und ihr nach jedem Konzert mit seinen Liebesschwüren auf den Hammer geht, und über den Wickerl, den der Turbo persönlich nie kennengelernt hat, dem die Donna aber mindestens ein Mal täglich einen besonders heißen und ungemütlichen Platz in der Hölle wünscht.

„Über den wahren Grund läßt sich die Chefin nicht aus. Aber an seinem Baßspielen allein wird's nicht liegen“, vermutete der Turbo. „Ich schätze, die zwei hatten was miteinander und er hat sie böse abgelinkt. Was man sich bei der Elfi ja kaum vorstellen kann."

Mehr war vom Turbo nicht zu erfahren, weil Donna das Kommando an sich riß, indem sie mir eine stumme, aber tragende Rolle in ihrem Video anbot und mein Argument, ich sei derzeit auf Urlaub und daher nicht einmal für einen stummen Cameo-Auftritt zu haben, nicht gelten lassen wollte.

Bevor sie noch lauter und ihr Steve noch lustiger wurde, verabreichte ich mir das traditionelle kleine Bier mit dem traditionellen großen Fernet und ging ins Bett.

„Matte Sache", kommentiert der Trainer. „Übrigens, die Ergüsse des 'Dichters' liegen bei mir auf dem Rücksitz. Vielleicht will sie der Drachen wiederhaben. Eine gute Gelegenheit, der wilden Donna unter günstigeren Bedingungen näherzukommen."

Ich hatte die Mappe gestern die ganze Zeit in der Hand gehalten und sie im Zuge der Citröen-Debatte dann im froschgrünen Boliden liegenlassen. In meiner derzeitigen Verfassung fühle ich mich aber außerstande, mit Fanpost und Liebeslyrik als Vorwand Donna meine Aufwartung zu machen und so lang in sie zu dringen, bis sie mir ihr Herz ausschüttet. Noch dazu sind manche Herzen nachweislich eine Schlangengrube.

„Mach, was du nicht lassen kannst", sage ich.

„Ich hab dabei eher an dich gedacht", sagt der Trainer.

Dann herrscht helle Aufregung im Hintergrund.

Die Wurstknödel sind fertig und eine der Katzen hat unter den Computer des Trainers geschissen.

20

Ein Sonntagnachmittag im Meidlinger Unfallkrankenhaus hat auch seine Momente.

„Und wie ich zum Brunner sag, daß es zwei Typen gewesen sind, nämlich der Riegel, der die Bananensteigen getragen hat und sein Kollege, der mich von hinten gepackt hat, da hab ich geglaubt, jetzt kriegt mir der Kieberer auf der Stelle einen Herzkasperl und legt sich zu mir ins Nachbarbett“, sagt der Herr Josef und lacht. „Da hätt ich wenigstens eine Ansprach. Weil der senile Krauterer neben mir, der schimpft ja Tag und Nacht nur auf seinen Sohn und seine Schwiegertochter, weil s' angeblich sein Kürschnergschäft durchbracht haben und jetzt wie die Geier drauf warten, daß sie seinen Schrebergarten am Schafberg erben.“

Der Herr Josef darf noch nicht aufstehen. Aber als ich zu Beginn der Besuchszeit in sein Zimmer gekommen bin, war das Bett leer.

Ich fand ihn im Besucherraum, und er stritt gerade mit der Martha, seiner jüngeren Schwester. Sie wollte, daß er zurück ins Bett geht. Und er wollte ein Packerl Zigaretten. Daß sie ihm fünfzehn Deka ungarische Salami mitgebracht hat, stimmte ihn dann wieder versöhnlicher, denn die Schonkost, auf die man den Patienten gesetzt hat, die ist ja nicht zum Fressen.

Seit die Martha gegangen ist, muß ich immer wieder nach der Oberschwester Ausschau halten. Und wenn die hantige Rotgefärbte nicht in Sicht ist, raucht sich der Herr Josef eine meiner Zigaretten an.

„Der Brunner war fest davon überzeugt, daß es ein Täter ist“, sage ich, „ein Wahnsinniger, der im Blutrausch zuerst den Wickerl und dann den Rudi ...“

„Ich hab zwar eine Feste aufs Dach gekriegt“, unterbricht mich der Herr Josef. „Aber deppert bin ich davon nicht geworden. Ich weiß, was ich gesehen hab. Und der Riegel, der grad die Kisten aus der Schupfen tragen wollte, wie ich reinkommen bin, der hat mir auch nicht wie ein Wahnsinniger ausgschaut. Viel Muskeln und nix im Hirn. Aber nicht wie ein Irrer. Weil die wirklich Irren sind meistens wahnsinnig gscheit. Auf ihre Art. Ich hab ihn dem Brunner beschrieben, und gestern Vormittag waren dann noch zwei andere Kieberer da, und wir haben ein Phantombild gezeichnet. Wissen S' eh, wie im Fernsehen, mit solche Schablonen, Frisur, Augen, Nase, Mundpartie. Der Brunner war begeistert. Er hat gsagt, das ist das Porträt von einer alten Kundschaft, der er jetzt gleich das Wochenend versauen wird. Und weg war er, der Brunner, und is seitdem nicht mehr auftaucht."

„Und der zweite Typ, den haben Sie nicht gesehen?" frage ich.

„Na, Sie sind mir ein Detektiv", sagt der Herr Josef milde. „Wie soll ich jemanden erkennen, der mich von hinten an der Gurgel packt und mir dann ein Scheitel Holz übern Schädel haut? Glauben S' er hat sich vorher bei mir vorgestellt und entschuldigt?"

Der Herr Josef lacht und ich lache mit. Aus Höflichkeit.

Nein. Ich bin kein Detektiv. Weil ich die Nachteile dieses Jobs aus meiner Profession nur zu gut kenne: viele leere Kilometer, viel sinnloses Warten, unregelmäßige Arbeitszeit, ungesunde Ernährung, ein schlechter Umgang und noch schlechtere Bezahlung. Der entscheidende Unterschied ist nur: Wenn der Detektiv sein halbes Leben unter solchen Bedingungen zubringt, ist er eines Tages so mit den Nerven fertig, daß er anfängt grobe Fehler zu machen, und das endet eines Tages tödlich. Dem zerrütteten, grob fehleranfälligen Musikanten hingegen droht bloß der Abstieg in die nächst untere Spielklasse, wo er sich aber immer noch mit Vollplayback-Auftritten in Landdiscotheken ins Pensionsalter retten kann.

Ich mache mir sozusagen als interessierter Laie ohne detektivische Ambitionen, der durch einen Lieferschein in der Hosentasche des Auer Wickerl in mittlerweile zwei Mordfälle geraten ist, halt so meine Gedanken.

Und wenn, wie der Herr Josef am eigenen Leib erfahren hat, zwei Täter in seinem Schuppen tätig waren, dann sieht das für mich ganz so aus, als hätte *Media Sales* zwei freie Mitarbeiter ins *Rallye* geschickt, um die falschen Whitneys, die der Wickerl entführt und in seine Bananenkisten gesperrt hat, wieder heimzuholen.

Und dabei kam ihnen als erstes der Rudi in die Quere, und dann der Herr Josef.

Aber woher wußten die Piraten von den Kisten im Schuppen? Hat ihnen der Wickerl sein Versteck verraten? Bei einem kurzen nächtlichen Gespräch in der Sechshauser Straße, das mit seiner Hinrichtung endete? Wenn die Angelegenheit den Piraten dermaßen unter den Nägeln brannte, daß sie den Wickerl auf offener Straße umlegen ließen, begreife ich nicht, weshalb sie sich bis Freitag Nachmittag mit dem Abholen der Kisten Zeit gelassen haben. Warum erledigten sie den Wickerl und den Abtransport der Kisten nicht gleich in einem Aufwaschen? Oder zumindest gleich in der nächsten Nacht? Nachdem ich mit Marlene gegangen war und der Herr Josef das *Rallye* zugemacht hatte, wären sie im Schuppen völlig ungestört gewesen.

„Und die drei Kisten vom Wickerl sind weg?“ frage ich den Herrn Josef, der sich die nächste Zigarette anzündet.

„Weg. Sagt der Brunner“, hustet er.

„Und dem Wickerl sein Janker auch“, sage ich. „So. Das war die letzte für heute, Herr Josef.“

Ich packe die Zigaretten ein. Der Herr Josef ist damit nicht einverstanden.

„Ich hab nicht TBC, ich hab sechs Nähte in meinem Blutzer und eine Gehirnerschütterung, eine leichte," sagt er. „Und wenn die Kisten weg sind, ist auch der Janker weg. Weil ich ihn dem Rudi mitgegeben hab nach hinten, daß er ihn zu den anderen Sachen vom Wickerl legt. Ich wollt ihn nicht länger im Lokal herumhängen haben."

Der Herr Josef raucht und schweigt.

„Herr Kurt", sagt er dann leise. „Ich will, daß die Mörder gefaßt werden. Der Rudi war keine große Leuchte, das wissen Sie, aber er war ein herzensguter Mensch. Und ich will, daß die zwei büßen für das, was sie mit ihm gmacht haben. Mit dem Rudi und mit dem Wickerl. Wann Sie oder der Herr Trainer was wissen, das dem Brunner weiterhilft, dann reden S' bitte mit ihm. Ich hab zu ihm nix gsagt, daß Sie am Donnerstag in der Schupfen waren und sich die Kisten angschaut haben, aber wann Sie jetzt mit ihm reden würden, ich glaub, das wär eine große Hilfe."

Ich nicke und wünsche mich und den Herrn Josef ins *Rallye*, wo er mir einen Scharlachberg nach Art des Hauses einschenkt. Dermaßen gestärkt könnte ich ihm eher erklären, daß das mit dem Brunner mittlerweile eine ziemlich komplizierte Sache ist.

Der Trainer, der Doc und ich haben da nämlich allerhand verschissen. Unterschlagung von Beweismaterial, heißt das, glaub ich, im Fachjargon. Und Behinderung der polizeilichen Ermittlungen.

Ich hätte meinen beiden Experten die gefälschten Whitney-Houston-Platten und die Cassetten mit Fürst Astaroths Thanksgiving-Party zumindest gleich nach unserer Privatvorführung wieder abknöpfen sollen und Brunner zur weiteren Prüfung aushändigen. Und noch schlauer wäre es gewesen, gleich nach dem ersten Blick auf den dubiosen Inhalt der Kisten die Polizei anzurufen.

Die hätte wahrscheinlich das Geheimnis der falschen

Whitney nicht so rasch gelöst wie Trainer und Trash. Aber wenn sie sich den Astaroth-Gschnas bis zum launigen Ende angeschaut hätte, dann hätte Brunner im neuen „AAS-Girl des Jahres“ sofort die von ihm zum Tod des Wickerl befragte Elfriede Tomschik wiedererkannt.

Keine Ahnung, wie Profis mit solchen Erkenntnissen umgehen. Aber ich schätze, so ähnlich wie ihre Kollegen im Kino. Sie lassen also zum Beispiel ein sensationelles Rendezvous im *Haas-Haus* platzen, ihre Katzen ausnahmsweise eine Nacht lang hungern und sogar die ganze japanische Wahrheit über Mayerling unenthüllt, machen sich auf die Socken und gehen den Hinweisen nach, so lang die Spur noch heiß ist.

Was sich Kurti und die Detektive bisher geleistet haben, war Pfusch. Ich fürchte, der größte Pfusch meines Lebens.

Und ich hab gar kein gutes Gefühl, als die Oberschwester ausgerechnet mit Brunner das Besucherzimmer stürmt.

„Ein Mal noch, Herr Weinhofer, und Sie kommen ins Gitterbett!“ kreischt sie. „Der Herr Oberinspektor sucht Sie schon im ganzen Stock. Wir sind ein Spital und kein Kaffeehaus! Also gemma gemma, ins Zimmer und unter die Tuchent!“

Sie nimmt dem Herrn Josef die Zigarette weg, tritt sie am Boden aus und will ihren bettlägrigen Patienten vom Sessel hochziehen.

Brunner interveniert. Und weil es sich auch um eine Sache des Sicherheitsbüros handelt, darf der Herr Josef ausnahmsweise noch zehn Minuten sitzen bleiben. Dann aber wird sie ihn eigenhändig zurück ins Bett bringen, wenn's sein muß am Schlawittl.

„Und die Nachspeis is heut gestrichen, damit wir uns das merken, Herr Weinhofer!“ verkündet die Hantige ihr Urteil.

Dann rauscht sie ab.

„Na, meine Herren“, sagt Brunner. „Was gibt es Neues?“

„Sie haben gestern beim Dings, beim Trainer angerufen“, beeile ich mich.

„Hat sich erledigt“, sagt Brunner, zieht ein Foto aus der Tasche und legt es vor dem Herrn Josef auf den Tisch. Mit der Rückseite nach oben.

„Hat sich alles erledigt. Quasi von selber. Soll ich Euch ein paar Neuigkeiten erzählen?“

„Bin ganz Ohr“, sage ich.

„Haben Sie ihn?“ fragt der Herr Josef.

Brunner dreht langsam das Foto um.

„Das is er. Das Gesicht erkenn ich unter tausend Gesichter wieder, mein Lebtag lang“, sagt der Herr Josef und starrt auf das Foto.

„Aber was is denn dem passiert?“

Ich werfe einen Blick auf das Bild. Entweder ist der zirka Vierzigjährige schon sein ganzes Leben mit einer derart fleischigen, breiten Visage gestraft, oder es hat sie erst kürzlich jemand so breitgeklopft. Das getrocknete Blut um die verschwollenen Augen und unter der Nase lassen eher letzteres vermuten.

„Unser Ederl“, erläutert Brunner. „Ederl der Große. Eduard Jerabek. Baujahr 1949. Zwei Meter hoch. 130 Kilo schwer. Stark wie ein Stier und blöd wie ein Ochs. Ein Stammkunde von uns. Einbruch. Raub. Nötigung. Körperverletzung. Insgesamt zehn Jahre Schmalz.“

Auch wenn es am Freitag im *Rallye* nicht so ausgesehen hat: Brunner liebt seinen Beruf. Aber wahrscheinlich tut das jeder, wenn er plötzlich, spät und unerwartet Erfolg hat.

Und Ederl der Große ist ein Erfolg. Er hat gesungen. Trotz der zwei ausgeschlagenen Zähne. Den ganzen Sonntagvormittag. Ein Lied nach dem andern. Sein gesamtes Repertoire.

„Schöner wie Sie, Herr Doktor“, sagt Brunner, und fügt hinzu „für meinen Geschmack.“

21

Gestern hat den großen Ederl die große Lust auf ein bisserl Zweisamkeit gepackt.

An normalen Tagen ist sein hormonelles Gleichgewicht nach dem Besuch einer der Peep-Shows am Gürtel wieder hergestellt, der Ederl lädt sich für die Zeit vor dem Einschlafen vielleicht noch die Theresa Orlowsky zu sich nach Hause ein, und damit ist das Problem für ihn und das Wiener Nachtleben aus der Welt.

Der gestrige Samstag war aber kein normaler Tag. Erstens war, so kurz nach Allerheiligen, in der Gärtnerei beim Baumgartner Friedhof nicht viel zu tun (Ederl der Große arbeitet dort wegen der Bewährungshilfe und der Sozialversicherung im Geschäft seines Bruders), zweitens machte sich ein daher vor überschüssigen Energien geradezu strotzender Ederl auf große Fahrt ins Peep-Vergnügen, und drittens war das Angebot an animierlicher Weiblichkeit an diesem Samstag so erbärmlich („Ollas Graten, ollas Bana“), daß Ederl der Große die Lokalitäten nicht beschwingt und erleichtert, sondern mit dem ganz großen Frust verließ.

Im gürtelnahen *Tanga Club* spülte er seine üble Laune mit einem Dutzend Bieren hinunter, übersah dabei aber anscheinend, daß hier ein einziges Import-Krügel so viel kostet wie ein solider Vollrausch bei seinem Stammwirten in der Abelegasse. Dafür bietet der *Tanga Club* dem alleinstehenden Herrn jedoch Anschluß. Ein halbes Dutzend charmanter, leicht bekleideter Damen aus dem In- und Ausland läßt sich gern auf den einen oder anderen Piccolo einladen,

namens Lorelei, Piroschka oder Angelique zu Spiel und Spaß in eines der Séparées zu entführen. Vorausgesetzt, man hat das nötige Kleingeld einstecken.

Der Ederl hatte sein Spielkapital aber bereits versoffen, als er zwei wissensdurstige Teenager aus dem einstigen Osten auf eine Französischstunde ins Hinterzimmer einlud. Und er verstand die Welt nicht mehr, als ihr Wissensdurst in massives Desinteresse umschlug, weil er das Schulgeld nicht zahlen konnte.

Wenn Ederl der Große die Welt nicht mehr versteht und noch dazu was getrunken hat, dann muß er das kleine Stückchen Welt, das er in die Finger kriegen kann, kurz- und kleinschlagen. Das hat ihm schon öfter Schwierigkeiten eingebracht, aber so ist er nun einmal, der Ederl, und die zehn Jahre Häfen konnten seinen Mangel an Verständnis für den Lauf der Welt auch nicht wirklich beheben.

Gestern im *Tanga Club* mußten das Nasenbein einer ungarischen Geheimprostituierten, der Handwurzelknochen ihrer aus der Ukraine gebürtigen Kollegin, ein rotweiß karierter Bettvorleger und das Waschbecken dran glauben, ehe drei Kavaliere das Séparée stürmten, die beiden Mädchen aus den Klauen des randalierenden Ederl befreiten und ihn mit vereinten Kräften aus dem Lokal entfernten.

Auf der Straße fand dann jene Besprechung statt, der der Ederl sein derzeitiges, auf dem Polizeifoto dokumentiertes Aussehen verdankt. Und es wäre noch viel schlimmer, wenn nicht die Ankunft der ersten von insgesamt vier Funkstreifen die drei Kavaliere und den Störenfried in ihrer Unterhaltung unterbrochen hätte.

Der Ederl landete auf dem Kommissariat Tannengasse, und einer der Journalbeamten erkannte ihn sofort als den seit heute zur Fahndung ausgeschriebenen Eduard Jerabek. Daß der Verhaftete einen Führerschein und einen Personalausweis bei sich trug, der auf den Namen Ludwig Auer lautete, und auch steif und fest behauptete, dieser Ludwig Auer zu sein, brachte Ederl dem Großen nur ein paar herzhafte Lacher und Watschen der vom Samstagabendstreß gezeichneten Kieberer ein.

Nach der medizinischen Versorgung durch den Polizeiarzt und dreieinhalb Stunden Schlaf in der Ausnüchterungszelle wurde der Ederl ins Sicherheitsbüro überstellt, und Brunner begann sein Tagwerk.

Es gab Kaffee, Zigaretten und zwei Alternativen für den Ederl: entweder eine wirklich erstklassige und restlos überzeugende Demonstration seiner Sangeskunst, oder ein ganz zufälliges Wiedersehen mit den drei Kavalieren aus dem *Tanga*, ohne Zeugen, in einem schalldichten Raum des Hauses.

Der Ederl entschied sich zähneknirschend für den musikalischen Teil des Ultimatums.

Am Anfang, und der war am Donnerstag, stand ein Anruf in der Friedhofsgärtnerei. So um halb zehn. Ein Bekannter. Er hätte da was. Einen Job, der zwar kein Zinshaus bringt, bei dem sich der Ederl aber auch keinen Bruch heben wird. Einen Abtransport von Schallplatten und Videocassetten. Schnelle Marie. Noch dazu schleppt er nicht allein. Es gibt einen Buckel, eine Hilfskraft, die Näheres weiß über das Wann und Wo.

Der Ederl war dabei.

Um 19 Uhr traf er in einem Kaffeehaus in der Hütteldorfer Straße seinen Buckel, und der sah das etwas anders. Der Mann war ganz eindeutig der Boß und der Ederl sollte schleppen. Dem Ederl war das gar nicht so unangenehm. Erstens änderte die neue Rollenverteilung nix an der Höhe seiner Gage, und zweitens hat er eine gesunde Selbsteinschätzung. Der Ederl weiß, daß er nicht zur Führungskraft geboren ist.

Sein neuer Arbeitgeber hingegen war der geborene Chef.

Und ein Vollprofi. Außerdem absolut schmähfrei und ungefähr so gesprächig wie ein Grab. Er gab dem Ederl ein paar Daten durch, in einem komischen Deutsch („Der Old Shatterhand trifft im *Winnetou* so einen halblustigen Trapper aus Germanien, und der redet genau so."), und sprach für die Zeit ihrer Zusammenarbeit ein absolutes Alkoholverbot aus.

Der Ederl kassierte einen Vorschuß, den er umgehend zu seinem Wirten trug, war aber am Freitag pünktlich um 14 Uhr am vereinbarten Treffpunkt, dem neuen Parkhaus beim Westbahnhof.

Der Profi wartete in einem dunkelblauen VW-Bus mit altem Wiener Kennzeichen, und der Ederl lotste den offensichtlich nicht Ortskundigen durch das Baustellenchaos am Europaplatz in die Sechshauser Straße, wo sie den Bus vor der Hauseinfahrt neben dem Cafe *Rallye* parkten.

Während der Ederl vor dem Haustor auf seinen großen Auftritt wartete, verschwand der Chef im Lokal. Zirka fünf Minuten später kam er wieder, sagte was von „Keine Fragen, keinen Scheiß", und sie gingen durch die Einfahrt in den Hof.

Ederls erste Aufgabe hätte an sich darin bestanden, das Vorhängschloß an der Tür des Holzschuppens aufzubrechen. Das Schloß war allerdings bereits aufgeschlossen, die Tür zum Schuppen stand einen Spalt offen, und drinnen brannte Licht.

Der Ederl freute sich über die leicht verdiente Marie und wollte seinen Auftraggeber fragen, ob nicht eine Fixanstellung möglich wäre, bei Aufträgen wie diesem wäre er auch zu unbezahlten Überstunden bereit.

Aber als sie den Schuppen betraten, sah der Chef so konzentriert und gefährlich drein, daß er beschloß, ihn jetzt besser nicht zu stören und sich die Anfrage für später aufzuheben.

Im Schuppen gab es Bierkisten, alten Krempel und einen jungen Burschen, der vor einem alten Verstärker oder sowas auf einer Kiste saß und eine Flasche Kapsreiter trank.

„Sie sind da falsch", sagte der Bursch, als er den Ederl und seinen Chef bemerkte. „Das Gästeklo ist drüben im Lokal, die Tür neben dem Flipperautomaten."

Dann ging alles wahnsinnig schnell. Zu schnell für den Ederl, und zu schnell für den jungen Mann mit dem Bier.

„Danke", sagte der Profi.

Dann hatte er plötzlich ein Messer in der Hand, war mit einem Satz bei dem immer noch arglos und freundlich lächelnden Burschen und schnitt ihm die Kehle durch.

Der Ederl sah, wie der Bursch nach hinten von der Kiste kippte und eine rote Fontäne aus seinem Hals schoß. Der Profi wich dem dicken Blutstrahl blitzschnell aus, trotzdem kriegten die hellblauen Jeans ein paar Spritzer ab. Dann spritzte das Blut nicht mehr, es rann nur noch aus dem aufgeschlitzten Hals, und der Profi zog dem Toten den Pulli und das Hemd hoch bis zum Kragen.

Der Ederl glaubte zuerst, sein Chef wollte die klaffende Wunde notdürftig verbinden und die Blutung stoppen, weil das Ganze ein Irrtum war, ein Arbeitsunfall quasi: Der Chef wollte dem Burschen Angst einjagen, ihn einschüchtern und im Schach halten, bis ihre Mission erfüllt und die Schallplatten im Bus verladen waren, und dabei ist ihm sozusagen die Hand ausgerutscht, sowas kann jedem passieren, auch einem Vollprofi. Aber dann rammte der Vollprofi sein Messer dem Toten bis zum Heft in die Brust, zog es langsam wieder ein Stück heraus und schlitzte ihm den Oberkörper bis zum Hosenbund auf.

Den Ederl erinnerte das an die Sommerfrische in seiner Kindheit. Die Bauern, bei denen er mit seinen Eltern auf Urlaub war, machten das mit den frisch geschlachteten Viechern, um sie auszunehmen und ausbluten zu lassen.

„Keinen Scheiß jetzt", sagte der Profi dann zum Ederl, wischte sein Messer an einem Hosenbein des Toten sauber und packte es wieder weg. Der Ederl bekam die Order, in Abänderung des Programms die Leiche verschwinden zu lassen, und der Chef wußte auch schon wo. Er zeigte auf die Tiefkühltruhe. Und während der Ederl an die Arbeit ging, durchsuchte der Chef den Schuppen. Der Ederl hörte ihn leise fluchen. Die ganze Aktion war anscheinend nicht ganz so professionell geplant, wie er das auf Grund der militärisch-kargen und präzisen Angaben seines Arbeitgebers angenommen hatte.

Irgendwas schien mit den Schallplatten nicht in Ordnung zu sein, die der Chef hinter dem Verstärker entdeckt hatte. Und von Videocassetten war im ganzen Schuppen keine Spur.

Nachdem der Ederl die Leiche in der Tiefkühltruhe verstaut hatte, durfte er sich dem eigentlichen Teil seiner Aufgabe widmen. Er wuchtete die drei Bananenkisten hoch, packte eine speckige, aber gut erhaltene Lederjacke oben drauf und wollte mit seiner Last eben hinaus in den Bus, als ihn ein weiterer ungebetener Gast bei der Arbeit störte.

Jetzt hatte der Profi die Situation nicht mehr ganz so souverän im Griff. Der Ederl registrierte den Schweiß auf seiner Stirn und ein unschlüssiges Zögern, das einer echten Spitzenkraft – und der Ederl hatte in seiner langen Karriere schon des öfteren die Ehre gehabt, für echte Spitzenkräfte den Buckel zu machen – ganz einfach nicht passieren darf.

Nach dieser Verzögerung von ein paar Sekunden ließ er das Messer in der Tasche, packte den stummen Gast von hinten an der Gurgel und faßte sich ein angeschimmeltes Sesselbein. Er zog es dem Alten über den Schädel und stieß ihn dann gegen einen Stapel Bierkisten.

Als der Stapel umstürzte und den Mann unter sich begrub, war der Ederl schon in der Tür.

Der Mordswirbel hinter ihm, das Scheppern und Klirren der zerbrechenden Flaschen, bestärkte ihn in seinem Verdacht, daß sein Chef von diesem Auftrag leicht überfordert war. Und er beeilte sich, die Kisten in den VW-Bus zu schaffen, ehe im Haus die ersten Fenster aufflogen und das Ende der unglückseligen Aktion vor vollen Rängen stattfand. Der Abgang blieb unbemerkt. Der Ederl lud die Kisten in den Bus, während der Profi den Wagen startete. Und dann ging die Fahrt zurück zum neuen Parkhaus hinter dem Westbahnhof. Der Ederl machte wieder den Lotsen, beklagte zuerst den Verlauf der Operation und klopfte dann bescheiden wegen einer Gagenerhöhung an (das mit der Fixanstellung hatte er sich mittlerweile anders überlegt), denn schließlich seien das Verladen einer Leiche in eine Tiefkühltruhe und der damit verbundene Streß nicht Gegenstand der Vereinbarung gewesen.

Aber in Geldangelegenheiten war der Profi wirklich professionell. „Halt's Maul", sagte er nur.

Bei einem anderen Geschäftspartner hätte der Ederl jetzt die Welt nicht mehr verstanden und aus dem Zahlungsunwilligen diverse Zulagen herausgeprügelt. Aber mit dem Profi wollte er sich doch lieber auf keine Diskussionen einlassen. Also kassierte er am Parkplatz hinter dem Westbahnhof sein Honorar und nahm als kleine Entschädigung die Lederjacke des Wickerl Auer mit.

Dann leistete er sich ein Taxi zu seinem Wirten und einen anständigen Rausch.

Auch Leute wie Ederl der Große wollen manchmal nur vergessen.

22

Brunner zieht ein zweites Bild aus der Tasche.

„Sie wissen, was jetzt kommt, Herr Weinhofer", sagt er. „Und auch Sie sind herzlich eingeladen, Herr Doktor."

Die Oberschwester, die pünktlich nach zehn Minuten ins Besucherzimmer kam, um den Herrn Josef zurück ins Bett zu holen, und nun schon die ganze Zeit in Vernachlässigung ihrer Pflicht Brunners Tatsachenbericht lauscht, drängt mich resolut zur Seite, um ja als erste einen Blick auf das Phantombild eines sächselnden Profi-Killers werfen zu können.

„Das traut man dem garned zu. Wie der Schein oft trügt", kommt sie ins Philosophieren.

Aber der Herr Josef hat die für Brunner wesentlichere Erkenntnis:

„Der war am Freitag da. Ja. Am Nachmittag. Der und der Doldinger. Hat einen kleinen Mokka bestellt und wollt telefonieren. Weil die zwei Telefonzellen in der Gegend schon wieder außer Betrieb sind. Jetzt kommen s' alle zu mir. Fünf Leut mindestens am Tag. Und er auch. Is nach hinten, ein paar Minuten, dann hat er seinen Mokka ausgetrunken und is wieder gegangen. Und hat ein paar Minuten später den Rudi umgebracht."

Der Herr Josef schüttelt den Kopf.

Brunner schiebt mir das Phantombild über den Tisch.

Ein junger Götz George, verbissen, mit starker Gastritis.

Ich weiß nicht, ob ich den Typ schon einmal gesehen habe. Vielleicht am Donnerstag, als im *Rallye* die Hölle los war und gegen Mitternacht eine Sensation in einem rubinroten Kostüm das Lokal betrat, weil sie telefonieren wollte; eine Sensation, mit der ich jetzt auf dem Weg nach Schwechat wäre, in ihrem Mietwagen, in dem es nach Zimt, Mandeln und tausend orientalischen Geheimnissen duftet.

„Na, Herr Doktor, vielleicht am Donnerstag ...“, sagt Brunner.

„Möglich“, sage ich. „Ich schau mir die Leut nicht so genau an.“

„Die Leut nicht, aber die Damen“, sagt Brunner und lacht. „Er war da. Donnerstag auf d' Nacht. Wie wir uns zufällig getroffen haben. Er war hinten beim Flipperautomaten und dann ist er kurz neben dem Skocik an der Bar gestanden. Hat beim Rudi einen Kaffee bestellt, und der Rudi hat ihn gefragt, was für einen Kaffee er haben will, weil Kaffees gibt's viele und jeder ist anders. Da war es offensichtlich, daß er nicht vom Grund ist. Aber mir ist schon vorher aufgefallen, daß der Mann neu im Lokal ist und sich für alles interessiert, nur nicht für einen persönlichen Anschluß.“

„Und woran merken Sie sowas, Herr Oberinspektor?“ fragt die Oberschwester, deren ganzes Interesse zuerst von der Bettruhe des Herrn Josef zu Brunners detaillierter Schilderung abgedriftet ist, und das jetzt nur noch dem Mann hinter der rauhen Schale des Kriminalisten gilt.

„Training“, sagt Brunner. „Fünfundzwanzig Jahre hartes Training. Wann haben Sie heute eigentlich Dienstschluß, Schwester ...?“

„Ursula“, sagt die Hantige, ein leises Beben in der Stimme. „Warum wollen S' denn das wissen?“

„Man ist viel im Dienst, aber man ist auch ein bißl Mensch“, sagt Brunner und produziert den vielsagendsten Dackelblick, den ich seit Lino Venturas Glanzzeit gesehen habe.

„Um acht“, sagt sie und errötet sanft.

Der Herr Josef, der die letzte Zeit ganz in sich versunken dagesessen ist, stört durch lautes und anhaltendes Husten.

Also befindet Schwester Ursula schweren Herzens, daß

hen. Als ich mich von ihm verabschiede, schaut der Herr Josef sehr alt und wirklich krank aus.

„Hat mich ehrlich gfreut, daß Sie da waren, Herr Kurt", sagt er. „Im Rallye werden wir uns ja so schnell nicht wieder sehen. Aber wenn Sie Ihre Platten aus dem Wurlitzer brauchen, dann rufen S' meine Schwester an. Sie ist jeden Tag ab sieben am Abend daheim."

Die Oberschwester begleitet den Herrn Josef hinaus.

Ich will gehen. Auf ein kleines Bier. Für den Anfang.

„Auf ein Wort noch, Herr Doktor", hält mich Brunner zurück.

Er will mir nur bestätigen, was ich mir ohnehin schon gedacht habe: nämlich daß der sächselnde Profi zwar den Rudi umgebracht hat, nicht aber den Wickerl, obwohl sich der Täter derselben Schlächtermethoden bedient hat.

Ein Täuschungsmanöver, das nicht ganz gelungen ist. Denn die Experten in der Gerichtsmedizin haben in vergleichenden Studien herausarbeiten können, daß die beiden Morde mit verschiedenen Tatwaffen begangen wurden.

„Und dann gibt es noch einen kleinen Unterschied", sagt Brunner. „Ein Detail am Rande, das wir nicht an die Presse gegeben haben, der deutsche Wertarbeiter also nicht wissen konnte, als er seine Tat so aussehen lassen wollte, als ob unser Schlächter von Sechshaus auch den Rudi abgeschlachtet hätte. Als die Leiche vom Wickerl gefunden wurde, fehlte ihr ein nicht unwichtiges Organ. Das Herz. Das hat ihr der Mörder fachmännisch aus der Brust geschnitten und mitgenommen. Als Andenken quasi."

Ich erhöhe auf ein kleines Bier und einen großen Weinbrand. Für den Anfang.

Aber Brunner läßt mich noch nicht ziehen. Er will, daß ich noch einmal ganz scharf nachdenke. Über alles, was ich vom Wickerl weiß, seinen Umgang, Freund und Feind, „Mom & Dead".

„Sie sind in der Szene zu Haus, Herr Doktor“, sagt Brunner. „Und unser Mörder auch. Ich kann's noch nicht beweisen. Aber ich spür das.“

„Im Urin?“

„Gewissermaßen.“

Vielleicht sollte ich den Kontakt zwischen Brunner und dem Trainer intensivieren. Die beiden hätten sich allerhand zu erzählen.

„Leute wie Sie, die sich in diesen Kreisen bewegen, schnappen Sachen auf, hören da was und hören dort was. Und alles, die kleinste Kleinigkeit, kann der entscheidende Hinweis sein, Herr Doktor.“

„Ich werd drüber nachdenken“, verspreche ich.

„Und rufen Sie mich an“, sagt Brunner zum Abschied. „Aber heut nimmer. Das hat bis morgen Zeit.“

23

Der Chevy hupt.

Der Doc ist dran.

„Wie geht's Nippon? Wie geht's dem Kronprinz Rudolf und der Mary?“ frage ich.

„Gutgut. Hervorragend. Folgendes ...“, sagt der Doc. Er hat es eilig.

„Und was war wirklich los in Mayerling?“

„Harakiri“, sagt der Doc.

„Beide?“

„Beide. Zuerst die Vetsera, dann der Kronprinz. Mit ihren elfenbeinernen Zahnstochern. Sonst noch Fragen? Nein? Gut. Dann hör mir endlich zu.“

Der Anruf des Doc kommt mir zwar nicht direkt ungelegen, aber ich habe mich eben mit drei Bieren und dem letzten Rest Mezcal von meinem Krankenhausaufenthalt erholt, und will jetzt eigentlich nur untätig auf der Bettbank liegen und in Ruhe auf positive Gedanken warten.

Es ist Sonntagabend, das Wochende war – sieht man vom sensationellen ersten Teil der ersten Spielhälfte ab – alles andere als erbauend, die kommende Urlaubswoche verspricht nach dem derzeitigen Stand der Dinge keine grundlegende Veränderung zum Guten, und irgendwann muß der Mensch einfach zur Ruhe kommen, abschalten, trinken.

Aber der Doc läßt sich nicht abwimmeln. Er hat soeben modemmäßig eine kleine Sensation hereinbekommen, die er mir nicht vorenthalten kann.

Es handelt sich um die zirka achtzigseitige Dokumentation – Zeitungsberichte, wissenschaftliche Abhandlungen, psychologische Gutachten – der sogenannten „Natalie-Morde", die Ende der 60er-Jahre die Stadt Tulsa, Oklahoma, in Angst und Schrecken versetzt haben.

Der Doc ist hörbar enttäuscht, daß mir weder Tulsa noch Natalie, noch der oder die Mörder von Natalie ein Begriff sind, und droht mir an, weiter ausholen zu müssen.

Ich bitte inständig um eine „Readers Digest"-Version seines spektakulären Falles, der nie die Popularität erlangt hat, die er sich eigentlich verdient hätte.

"Wohl deshalb", vermutet der Doc, „weil die ganze Welt damals gebannt nach Kalifornien geblickt hat, auf Charlie Manson und seine Family."

„Aha", sage ich.

„Die 'Natalie-Morde' sind, was die Opfer betrifft, nicht so prominent besetzt, aber von der Thematik viel aktueller als die hippiemäßige Religio brimborum des Manson-Clans. Und vor allem weisen sie eine sensationelle Parallele zu unserem Fall auf", doziert der Doc.

Wir haben keinen Fall, will ich sagen. Und wenn wir in einen Fall hineingeraten sind, dann sollten wir schleunigst versuchen, da mit heiler Haut wieder rauszukommen.

Und außerdem, aber das kann der Doc ja noch nicht wissen, gibt es mittlerweile zwei Fälle. Mit zwei verschiedenen Motiven, Tatwaffen und Tätern.

Aber der Doc ist nicht zu bremsen.

Also von mir aus und in Gottes Namen.

Tulsa, Oklahoma. Dezember 1969. Drei Leichen in drei Wochen. Alle drei männlich, weiß, zwischen 20 und 30. Der erste Tote liegt auf der Straße, der zweite in einem Park, der dritte neben dem Personaleingang eines Supermarkts. Drei Mal die Kehle durchschnitten, der Oberkörper aufgeschlitzt. Drei Mal dieselbe Waffe. Ein Jagdmesser Marke „Bowie". Das erste Opfer war Student, im Nebenjob Filmvorführer. Das zweite Opfer arbeitete in einer Snackbar und nahm nebenbei Schauspielunterricht. Das dritte Opfer war der Sohn des Supermarktbesitzers und Juniorchef des Ladens. Keine offensichtliche Verbindung zwischen den Opfern. Kein Hinweis auf das Motiv des Täters. Keine verwertbaren Spuren am Tatort. Ein Geisteskranker, der wahllos junge Männer schlachtet.

Der Schlächter von Tulsa.

Zehn Tage nach dem letzten Mord: Eine verzweifelte Eleonore Tippett meldet der Polizei, daß ihr Sohn Elmore Selbstmord begangen hat. Mit einer Überdosis Schlaftabletten aus ihren Vorräten. Die Polizei findet den 26jährigen Elmore, der im Haus seiner Mutter lebte und im Drugstore seiner Mutter arbeitete, tot im Bett. Er trägt eine Perücke, Frauenkleider und ist geschminkt.

Der tote Elmore sieht aus wie Natalie Wood. Und sein Zimmer sieht aus wie ein Natalie-Wood-Museum. Überall Kinoplakate, Fotos, Autogrammkarten, Zeitungsausschnitte.

Er hat diese Frau sehr verehrt, weiß Mutter Eleonore.

In der Handtasche, die Elmore vor seinem Selbstmord

Schlächters von Tulsa. Und extakte Angaben darüber, wann Elmore Tippett seinen späteren Opfern das erste Mal begegnet ist. Es war in allen drei Fällen im oder vor einem Kino, in dem gerade Natalie Woods neuer Film lief: „Bob & Carol & Ted & Alice“.

„Eine Woche nach Elmores Selbstmord holte seine Mutter ein zweites Mal die Polizei“, kommt der Doc langsam zum Ende. „Sie hatte die Garage aufgeräumt und in Elmores Werkzeugschrank drei Einmachgläser gefunden. Mit den in Alkohol eingelegten Herzen seiner Opfer. Ordentlich etikettiert und fein säuberlich beschriftet: Hank, Craig und Roger.“

„Woher weißt du das?“ sage ich.

„Moderne Kommunikationssysteme, Kurtl“, sagt der Doc und lacht. „Ich hab da auch hübsche Bilder von den drei eingemachten Herzen und von Elmore als tote Natalie-Wood-Kopie. Nicht wirklich überzeugend, aber auch nicht ohne Reiz.“

„Daß er dem Wickerl das Herz rausgeschnitten hat! Woher weißt du das?!“

Doktor Trash weiß von garnix.

Er fragt sich und mich nur, warum um alles in der Welt ich denn plötzlich so in den Hörer brülle.

Also bringe ich ihn auf den neuesten Stand der Ermittlungen und treffe, während ich mir beim Reden zuhöre, eine längst überfällige Entscheidung.

„Ich hab ein Problem“, sage ich, und zu allem Überfluß mischt sich auch noch die seelenlose Stimme der Telefonistin aus dem *Palace* ein. Abgereist, sagt sie immer wieder. Und: Keine Nachricht. Tut mir leid.

„Mir wächst die Sache schön langsam über den Kopf. Und daher werden wir uns elegant und ohne Gesichtsverlust, aber dafür noch heute aus dem Metier zurückziehen. Eine letzte gute Tat, und dann ist Schluß.“

„Moment“, erhebt der Doc Einspruch, aber in Krisensituationen wie dieser mache ich die Prozeßordnung, und Einspruch ist da nicht vorgesehen.

„Ich werde noch heute Nacht der Frau Tomschik die Videocassetten, die ihr offensichtlich der Wickerl geklaut hat und die derzeit blöderweise in unserem Besitz sind, zurückerstatten. Wie ich dich kenne, hast du die Höhepunkte der *AAS*-Party schon längst für dein Archiv kopiert.“

„So ist es“, sagt der Doc.

„Gut. Ich bringe der lauten Donna also ihre teuflischen Videos zurück. Sie freut sich wie ein Schneekönig. Im Gegenzug erfahre ich, was ihr der Wickerl oder sie dem Wickerl angetan hat, was es bei Fürst Astaroths Sexualwarenhandel Neues gibt und wer aus ihrem immens großen Bekanntenkreis den Leuten gern das Herz aus der Brust schneidet. Diese Informationen wiederum gebe ich an meinen alten Freund Brunner weiter, der ein anständiger Mensch und Polizist ist, und damit sind wir aus dem Schneider, und wenn wir Glück haben, fällt für unseren finanzmaroden Freund, den Trainer, sogar noch eine Belohnung ab.“

„Klug gedacht, Kurtl“, attestiert mir der Doc.

Meint dann aber einschränkend, daß ein anständiger Krimineser immer noch ein Krimineser ist und wir zuerst im Trio absprechen sollten, was er von uns zu hören kriegt.

„Genau so wird das sein“, sage ich. „Aber da ist noch ein Problem.“

„Kann nicht sein“, sagt der Doc.

„Kannst du mit einer deiner Höllenmaschinen Kontakt zum *Palace*-Hotel in Paris aufnehmen?“

Als ein Mensch, der weder Schlaf noch sowas wie Privatleben kennt, ist der Doc mit den seelischen Abgründen, die hinter meiner bescheidenen Anfrage stehen, natürlich

„Dienstlich oder privat?“ will er wissen.
„Ich will nur herausfinden, ob eine Madame Thompson heute dort eingecheckt hat, heute noch einchecken wird oder wie oder was.“
„Wie heißt die Flamme?“
„Thompson“, sage ich. „Marlene.“
„Der Name sagt mir was“, meint der Doc.
„Dietrich“, sage ich.
„Sehr witzig“, rügt mich der Doc. „Thompson, Thompson. Das ist mir neulich erst wo untergekommen.“
„Eher in Mayerling oder mehr in Sechshaus?“
„Ruf die strenge Donna an und melde dich dann wieder“, sagt er unwirsch und legt auf.
Im Falle Thompson hätte ich ihm Hunter S. anbieten können. Amerikanischer Journalist und Schriftsteller, der sich einige Jahrzehnte fast ausschließlich von Drogen und Alkohol ernährt hat und trotzdem oder gerade deshalb eine Menge sauguter Stories geschrieben hat.
Du liest Bücher? hätte mich der Doc mit leisem Spott gefragt. Nein, hätte ich geantwortet. Das hab ich vom Trainer. Briefing. Für den Fall, daß mir ein überschlauer Journalist beim Interview mit dieser Frage kommt.
Aber die Leitung ist tot.
Was nicht sein soll, soll nicht sein.

24

Donna hat Migräne. Oder es ist der Föhn. Oder der Rotwein gestern bei meinem Wirten. Vielleicht sind es aber auch die Folgen des Schneetreibens mit Plattenbruder Steve?
Egal.
Gnädigste sind leidend und haben eigentlich keinen

Bock drauf, mich zu empfangen und das gestern nicht zustandegekommene Plauscherl unter Kollegen heute nachzuholen. Und das mit dem gemeinsamen Video, krächzt sie matt in den Hörer, das war gestern zwar recht lustig, aber bei Tageslicht besehen, passen eine Donna und der Kurtl nicht so wirklich zusammen. Imagemäßig.

„Und außerdem müssen wir zuerst die Platte aufnehmen, dann erst kann man sich über ein entsprechendes Video den Kopf zerbrechen", spricht sie ein wahres Wort gelassen aus.

Ich sage in den himmelblauen Hörer des Chevy, daß ich sie eigentlich nicht der Geschäfte wegen treffen will, sondern aus persönlichen Gründen.

„Häh?" macht Donna und lacht dann schrill.

Ihre Migräne ist im Abklingen.

„Willst mich rollen oder nimmst mich auf die Schaufel?"

„Es gibt da was, das uns beide angeht", sage ich.

„Ahja? Is mir noch nicht aufgfallen. Aber bitte. Ich laß mich gern überraschen. Nur heut is es wirklich ungünstig. Wie schaut's bei dir morgen aus?"

Schön langsam finde ich Gefallen an dem Spiel. Alleinstehende Männer, die kein Mädchen wie Donna in ihrem Bekanntenkreis haben, müssen für fernmündliche Vergnügungen dieser Art tief ins Börsel greifen.

„Morgen ist es vielleicht schon zu spät", sage ich.

Donna seufzt.

„Darf das wahr sein? Was kann bei uns zwei nicht bis morgen warten? Hab ich gestern irgendwas zu dir gsagt? Ich red viel, wann der Tag lang is, aber es is nicht alles so wörtlich gemeint. Verstehst?"

„Die Sache is die", sage ich, „du kriegst was von mir."

Pause. Dann ein erleichtertes Auflachen.

„Vergiß es, Kurtl. Bitte nimm die Mappe und heiz sie ein, oder hau sie in den Mist oder bau dir aus den Zetteln Papierflieger und schieß sie aus dem Fenster. Ich brauch die

Gedichte von dem Quäler wirklich nicht. Die marschieren bei mir sofort und ungschaut zum Altpapier."

„Okay. Die Mappe vom Dichterfürsten zum Altpapier", sage ich, „aber was soll ich mit den Cassetten machen?"

„Mit welchen Cassetten?"

„Fürst Astaroth. Thanksgiving-Party. Santa Monica. California. USA."

Lange Pause.

„Du?"

Kurze Pause.

„Dieser Arsch!"

„Welcher Arsch?"

„Wann ich Arsch sag, dann mein ich fast immer nur den Wickerl", sagt Donna. „Und wieso tragt dieser Arsch die Cassetten ausgerechnet zu dir?"

„Das is eine längere Gschicht", sage ich. „Wie gesagt: wenn es sich bei dir terminmäßig einrichten läßt, ich hab heut nix mehr Großartiges vor und hätt die Sache ganz gern aus der Welt."

„Klar. Komm einfach vorbei", sagt Donna, und nachdem sie mir bereitwilligst ihre Adresse verraten hat:

„So ein Arsch."

25

Das blühende Leben sieht anders aus.

Aber Donna hat sich alle Mühe gegeben, die Spuren der letzten Nacht mit einigen Lagen Make-up zu verspachteln. Auch ihr Blond dürfte gelitten haben, denn ihre Haarpracht ist unter einem schwarzen Turban versteckt. Die prächtige Oberweite hingegen kommt in dem körperbetonten Hausanzug mit dem extra tiefen V-Ausschnitt vortrefflich zur Geltung.

„Sapperlot", sage ich, weil ich mit einer in den Schwermetallfarben ihrer Musik gehaltenen Garconniere gerechnet habe, sich dem staunenden Auge aber ein Wohnparadies von mindestens 200 Quadratmetern darbietet: Das Dachgeschoß eines Jugendstilhauses in der Florianigasse, generalsaniert und mit Bambus, Schilfrohr und wucherndem Grünzeug in verschieden große Wohnsektoren unterteilt. Hell, freundlich und nicht zu bezahlen. Wäre mir diese Untugend nicht völlig fremd, mich würde glatt der Neid fressen.

„Der Herr Vater wollte sich wieder einmal in Erinnerung bringen und hat die Finanzierung übernommen", sagt Donna.

Der Zierrat und die unzähligen Masken an den Wänden und Dachbalken stammen aus aller Herren Länder, alles handverlesene Stücke oder zumindest sündteure Kopien. Das Völkerkundemuseum kann da nicht wirklich mithalten.

„Wie heißt der Herr Vater? Indiana Jones?" frage ich und schaue einer präkolumbianischen Göttermaske ins Froschgesicht.

Donna lacht hinter einem Perlschnurvorhang. Dann kommt sie mit zwei Gläsern Bier aus dem Küchensektor und drückt mir eine Biertulpe in die Hand.

„Auf den ehrlichen Finder!"

Sie prostet mir mit einem strahlenden Lächeln zu und läßt dabei den *Billa*-Sack mit den sechs Cassetten nicht aus den Augen, den mir der Doc vor seinem Haus ins Taxi gereicht hat.

„Lagebesprechung mit dem Trainer morgen pünktlich um 10 Uhr bei mir", gab er mir noch mißgelaunt mit auf den Weg. Und aus Paris, meinte er, gäbe es noch keine Antwort, weil es noch keine Anfrage gibt, denn schließlich hätte er zuzüglich zu meinen Sorgen auch noch seine eigenen, das Harakiri von Mayerling gar nicht miteingerechnet.

„Prostmahlzeit!“ Donna und ich bringen die Tulpen zum Klingen.

„Daß da ein finanzstarker Herr Vater beteiligt ist, beruhigt mich. Weil wenn die moderne Musik so ein Eigenheim abwirft, hätte ich mir ernsthaft überlegen müssen, auf meine alten Tage und mit meinen spitzen Knien noch rasch auf Sex-Metal umzusatteln.“

„Sex-Metal?“ gluckst Donna. „Ich mache Sex-Metal?“

„Also wenn du mich fragst. Als Laien.“

„Sex-Metal. Super. Das muß ich morgen gleich dem Stevie erzählen. Sex-Metal. Drauf wär ich nie gekommen. Geil.“

„Man ist oft betriebsblind“, sage ich. „Is übrigens nicht von mir. Is vom Rudi.“

„Tragisch, das mit dem Rudi“, sagt Donna und ist für zirka fünf Sekunden echt betroffen.

Dann lotst sie mich in eine ihrer Wohnlandschaften, eine kreisrunde Sitzgruppe in Rohleinen mit einem Ding in der Mitte, das aussieht wie eine Feuerstelle, aber eher als Tisch dienen soll. Ganz sicher bin ich mir nicht, also halte ich das Bierglas vorläufig in der Hand.

„Musik?“ erkundigt sich die perfekte Gastgeberin. „Also ich brauch den ganzen Tag Musik.“

„Wunderbar“, sage ich.

Ihr entgeht nicht meine besorgte Miene.

„Keine Angst. No Sex-Metal.“

Dann stöckelt sie in ihren Pantoffeln davon, und ich schau einer Maske ins Gesicht, die dreinschaut wie eine schlafende Eule, und einer zweiten, die einen Habicht darstellen könnte, im Sturzflug auf seine Beute, oder einen Puma auf dem Sprung.

Und Elmore Tippett fällt mir wieder ein, der Schlächter von Tulsa, der als Natalie Wood sterben wollte. Und auch ohne die tausend psychologischen Abhandlungen und

Gutachten, die der Doc in seinem Computer hat, weiß ich, daß Elmore nicht nur Natalie Wood sehr verehrt hat, sondern auch Anthony Perkins und Norman Bates. Was ich nicht weiß: ob und wie das mit dem Wickerl zusammenhängt, mit der grundsoliden Elfi Tomschik und mit Donna, dem Biest.

Ein Gitarrenvirtuose, der spielt, als wäre er zu viert, musiziert meine Überlegungen an die Wand. Und klärt gleichzeitig eine Frage, die mich seit dem „Mom & Dead"-Konzert zwischendurch immer wieder beschäftigt hat: Was hier in Zimmerlautstärke zu hören ist, wollte uns gestern auch der Gschwinde erzählen. Leider ist der Gschwinde an der Gitarre halt bloß ein Einmannbetrieb und dreht nur an den Lautstärkereglern seiner *Marshall*-Türme, als wäre er zu viert.

„Joe Satriani", sagt Donna im Vorbeigehen. „Noch ein Bier, gelt?"

Wenn der Abend in dem Tonfall weitergeht, kann ich dem Trainer und dem Doc morgen nur berichten, daß die Elfi Tomschik eine unverschämt große Wohnung hat, viele gute Platten und einen Eiskasten voll Bier.

„Das ist mein Kiva", sagt sie, als sie das nächste Bier vor mich hinstellt und auf ihrer Seite der Feuerstelle allerlei Rauchutensilien. „Da sitze ich am liebsten, wenn ich nachdenken will oder was schreiben."

Wie einem in einer indianischen Zeremonienstätte im Dachgeschoß eines revitalisierten Jugendstilhauses im achten Bezirk Heavy-Metal-Schlager wie „Bondage Queen" oder „Holy Titclamps" einschießen können, ist mir schleierhaft. Und Gottseidank das Problem einer Generation, die mit zwanzig im Fernsehen schon so viel gesehen hat von der Welt, daß sie mit vierzig eigentlich nur noch an Langeweile sterben kann.

Was meine Operation allerdings massiv gefährdet, ist,

daß Elfi, die Nette, nun gemächlich mit dem Anbau eines Joints beginnt und mir ein „Friedenspfeiferl“ anbietet.

Ich winke ab.

Jeder Mensch hat seine Droge. (Menschen wie Elfi bzw. Donna haben anscheinend zwei.) Und wenn ich ein, zwei Züge von dem Zeug riskiere, dann werde ich nur trübe und dumpf im Kopf und will jetzt und sofort tausend Jahre Schlaf. Das hat ein Dutzend Versuche in doppelt so vielen Jahren ganz klar bewiesen.

„Was wollte der Brunner eigentlich von dir wissen?“, mache ich der aus allen Ecken kriechenden Gemütlichkeit ein Ende.

Elfi baut. Und Donna denkt.

„Welcher Brunner?“

„Da waren zwei Bullen bei dir und haben dich über den Wickerl ausgefratschelt, über dich und den Wickerl. Und der ältere Kieberer heißt Brunner.“

„Der war okay“, sagt Donna. „Aber der Miami-Vice-Verschnitt war ein Vollkoffer. Der hat mir die ganze Zeit unter den Rock geschaut. Bis es mir zu blöd geworden ist und ich zu ihm gesagt hab: Wenn das so wichtig ist für Ihre Ermittlungen, dann schreiben Sie bitte mit: Das Hoserl ist weiß, 100 % Baumwolle, Firma Palmers, 198 Schilling.“

Sie wartet, bis ich mit dem Lachen fertig bin. Dann erzählt sie, was sie Brunner und Skocik erzählt hat.

Daß sie den Wickerl schon von Kleinauf gekannt hat, weil die Familie Tomschik und die Familie Auer in Breitenfurt nebeneinander ihre Gärten gehabt haben. Die Elfi war die ältere und hatte den größeren Garten. Die Familie Auer war nicht so betucht und hatte daher nur eine Holzkeuschen. Den beiden Kindern war das wurscht, sie haben trotzdem miteinander gespielt. Jedes Wochenende.

Bis dann eines Tages, da war die Elfi dreizehn und der Wickerl zehn, der Auer-Garten nicht mehr der Familie Auer gehört hat, weil es die Familie Auer nicht mehr gab. Der Vater war im Ausland, unauffindbar, und mit ihm sehr viel Geld, das eigentlich seinem Chef gehört hat.

Der Wickerl war von da an mit seiner Mutter allein, und der Kontakt zur Elfi ist abgerissen. Ein paar Jahre später, bei einem Bandwettbewerb, hat die Elfi den Wickerl dann mit seiner ersten Gruppe gehört. Der Wickerl hat ganz lausig Baß gespielt und die Band ganz lausige Cover-Versionen von Led Zeppelin.

Aber die alte Freundschaft ist neu entflammt, und weil die Elfi nun einmal ein großes Herz hat, hat sie den Wickerl, der am Baß ebenso geschwommen ist wie im Leben, von nun an immer wieder aus der Scheiße gezogen. Und mehr aus sozialen, denn aus musikalischen Gründen zu „Mom & Dead" geholt.

Doch der Wickerl hat sich, wie zu erwarten war, der Herzensgüte seiner einstigen Spielgefährtin und jetzigen Bandenchefin als nicht würdig erwiesen.

„Im letzten halben Jahr gab's, glaub ich, keine Woche ohne Wickel mit dem Wickerl", sagt Donna.

Höhe- und Endpunkt dieser traurigen Entwicklung: Wickerls sturzbetrunkenes Zuspätkommen zu jenem Konzert vor Vertretern von *Thunder-Records*, das den Vertragsabschluß besiegeln sollte (und dank Donnas persönlichem Einsatz letztendlich auch besiegelt hat). Und das mysteriöse Verschwinden von 30.000 Schilling, die Donna ihrer Jugendliebe vom Produktions-Akonto der Plattenfirma zur Anschaffung einer neuen oder zumindest funktionstüchtigen Baßanlage zugeschossen hat.

Vier Wochen lang hielt der Wickerl Donna und die Kollegen am Schmäh, um dann in einer schwachen Stunde, die seine letzte in den Reihen von „Mom & Dead" sein sollte, zuzugeben, daß die 30.000 Blatt zwar fort waren, aber keine neue Baßanlage angeschafft wurde.

„Ich hab ihm nach dem Rausschmiß sogar noch zwei Jobs vermittelt, wo er genug verdient hätte, um mir seine Schulden zurückzuzahlen. Aber der Arsch hat sie natürlich geschmissen, weil er plötzlich die Erleuchtung hatte, wie man ans ganz große Geld kommt und sich aus lauter Vorfreude jedes Gift reingezogen hat, das er in die Finger kriegen konnte. Unzuverlässig war er immer schon, der Wikkerl, aber in der letzten Zeit war er echt unberechenbar."

Das hat Donna also dem Team Brunner/Skocik erzählt, und die Herren sind sichtlich zufrieden mit ihrer Ausbeute wieder gegangen.

Was sie ihnen nicht erzählt hat, weil das nur sie und den Wickerl (und jetzt auch mich) was angeht, ist die ganze *AAS*-Geschichte.

Die hätte die Kieberer, vor allem den jungen Lustmolch Skocik, sicherlich sehr interessiert. Und sie hätten, wie das der ahnungslose Spießer und seine Spießgesellen von der Polizei nun einmal so tun, sofort auf Lust- oder Ritualmord im Satanisten-Milieu getippt und Donna zur sexuell abartigen Oberhexe gemacht, die gern zarte Knaben schlachtet. Oder zumindest mit anderen Hirnkranken konspirativ verkehrt, die dem Leibhaftigen nachts auf der Sechshauser Straße gern Menschenopfer darbringen.

Kein Wort daher über das Verschwinden der Videobänder, und große Erleichterung, daß sie einem aufgeschlossenen, toleranten, grundehrlichen, sympathischen, phantasiebegabten, netten älteren Herrn wie mir in die Hände gefallen sind.

„Wann hat dir der Wickerl die Cassetten eigentlich gefladert?" frage ich.

„Am Montag. Letzten Montag."

„Und zwei Tage drauf, am Mittwoch in der Nacht, hat ihn wer abgestochen", sage ich.

Aber Donna hört nicht zu. Sie will, daß ich ihr zuhöre.

„Paß auf, das war so. Ich hab am Montag Nachmittag den Gily vom Flughafen abgeholt. Das is ein guter Freund aus LA, und der hat mir endlich die *AAS*-Tapes mitgebracht, die mir der Don und die Sheena, also die Spears, schon seit fast einem Jahr versprochen haben. Der Gily und ich haben uns ein, zwei Geräte reingezogen, beim Pizzadienst was zum Essen bestellt, uns vorm Fernseher eingeparkt und in die Bänder reingeschaut. Die Performance war ja vor fast einem Jahr, da vergißt man inzwischen die Details, und der Gily und ich haben uns zerkugelt, als wir die ganzen Typen wieder gesehen haben.

Auf einmal tanzt der Wickerl an. Das war so um acht, halb neun. Voll auf seiner schnellen Mischung. Weiß alles, kann alles, checkt alles. Du hast ihn ja eh gekannt. Jedenfalls überreicht er mir zwei Tausender und ein bißl Gras, sozusagen als Anzahlung und Versöhnungspresent, hockt sich zu uns vor die Kiste und macht auf alter Freund des Hauses. Lästig. Und du bringst ihn nicht an.

Dann hat auf dem Tape diese Fernsehtussi, die Kelly Nichols, ihren großen Auftritt. Und der Wickerl schaut wie ein Autobus. Kann's nicht fassen, daß diese zickige High-Society-Schnitte so mit dem Arsch wackeln kann. Wenn du wie sie einen stinkreichen Lover hast, der aber leider nur einen hochkriegt, wenn du vor Publikum die Gummi-Nummer abziehst, dann lernst du ganz, ganz schnell, wie man richtig mit dem Arsch wackelt. Das wird quasi zur Überlebensfrage. Was wollt ich eigentlich sagen?"

Interessant: Bei Donna haben der Schnee von gestern und der Hanf von heute die gleiche Wirkung. Elfi, die Nette, hat nix mehr zu sagen, und Donna, die Schrille, redet, als gäb's für jedes auch noch so überflüssige Wort einen Zehner ins Sparschwein.

„Daß dir der Wickerl die Cassetten gefladert hat", sage ich.

„Noch nicht", korrigiert sie mich, „zuerst wollte er einen Wickel mit dem Gily anfangen. Aber das ist daran gescheitert, daß der Gily kaum Deutsch kann und der Wickerl weder Englisch noch Französisch. Kann. Konnte. Gekonnt hat. Dann sind der Gily und ich ins Bad, und haben demonstrativ dort dem Wickerl sein Gras geraucht und so, während er draußen auf dem Trockenen gesessen ist. Und wie wir wieder zurückkommen, ist der Wickerl weg."

„Mit den Cassetten", will ich die Geschichte endlich auf den Punkt bringen.

„Mit den ersten sechs Cassetten. Die restlichen Tapes hatte der Gily in seiner Reisetasche und noch gar nicht ausgepackt."

„Interessant", sage ich und denke dabei in erster Linie an den Trainer und den Doc. „Die Party geht noch weiter?"

„Was hast du gedacht? Nach unserer Performance ging erst richtig die Post ab. Bis fünf, sechs in der Früh. Du kannst beim nächsten Mal gern reinschauen, nur momentan spinnt mein Recorder."

„Super", sage ich.

„Ich hab ja so meine Theorie", sagt Donna. „Ich kenn meinen Wickerl. Der hat die kesse Kelly gesehen und hatte seine nächste Erleuchtung: Kelly Nichols feiert Schwarze Messe! Amerikanischer Serienstar als Satansbraut entlarvt! Teenager-Idol von Teufel besessen! Wenn ich die Bänder an die richtige Zeitung verkauf, hat er sich gedacht, dann steh ich nimmer im Regen, dann regnet's nur noch Gold. War aber leider nicht. Der Wickerl war wieder einmal zu langsam."

„Oder sein Mörder zu schnell".

„Du glaubst doch nicht im Ernst, daß jemand von der *AAS* den Wickerl umgebracht hat, Kurtl?" sagt Donna. „Der Verein will Geld machen, mit Sachen, die geil machen. Der bringt doch keine Leute um."

„Das würde ich als Mitarbeiterin des Unternehmens auch sagen."

„Was bei der *AAS* passiert, ist völlig harmlos", hebt Donna zur großen Selbstverteidung an. „Ich bin doch nicht so blöd und laß mich mit irgendwelchen kranken Sektenbrüdern ein oder mit echten Teufelsanbetern. Die würden mir nicht solche Gagen zahlen. Im Gegenteil. Da wäre die Wohnung schon längst beim Teufel. Im wahrsten Sinne des Wortes. Die *AAS* ist ganz einfach Fun. Verstehst? Fun und Cash. Mehr Cash übrigens, als ich bis heute mit 'Mom & Dead' gemacht hab."

„Und wie kommt die Elfi aus Wien zu einem solchen Traumjob?" frage ich.

„Willst doch umsatteln?"

„In unsern schnellebigen Zeiten kann ein zweites Standbein nie schaden. Braucht man da Protektion? Oder genügt ein einfaches Bewerbungsschreiben an den Bladen im Ledenschurz?"

„Don, der Elefantenarsch", lacht Donna. „Schreiben nützt bei dem wenig. Den mußt du schon ficken. Der Don is der typische Ami. Ur-freundlich, ur-verklemmt und ur-clever. Er hat sich irgendwann von den Höllenfürsten persönlich die Erlaubnis eingeholt, daß er alles, was ihm Spaß machen tät, aber einem biederen Highschool-Lehrer leider verboten is, in Teufels Namen tun darf. Und weil der Überschmäh mit dem Übersinnlichen bei den Amis einegeht wie nix, kann er sich jetzt zu Ehren von Astaroth und Behemoth durchbumsen lassen. Tag und Nacht. Von Mann und Frau."

„Ahja", sage ich, „aber soviel ich weiß, fehlt der Frau im allgemeinen das dazu notwendige Dings, wie sagt man, Organ?"

Donna präsentiert mir ihre geballte Faust.

„Verstehe", sage ich. Nähere Einzelheiten über den Verlauf eines typischen Vorstellungsgesprächs bei Don

Spears kann ich leider nicht in Erfahrung bringen. Trainer und Doc werden mir das nie verzeihen, das weiß ich jetzt schon. Und sie werden mich einen Sex-Banausen heißen, dessen puritanische und dilettantische Gesprächsführung die wirklich essentiellen und sensationellen Enthüllungen der Donna Tomschik verhindert hat.

Tatsächlich ist es so, daß Donna dem Elefantenarsch nie Lust und Freude spenden mußte, da sie den gutdotierten Job als *AAS*-Girl Don Spears' geschäftstüchtiger Frau Sheena verdankt. Oder genauer: Freund Gily, den Donna vor zwei Jahren, bei ihrem ersten Besuch in Los Angeles kennengelernt hat, und Gilys Stiefvater, einem ausgeflippten Designer namens Claude Levy, den angeblich alle Welt kennt (nur ich nicht), weil er der Erfinder von „Louis Lait" ist, dem lustigen Strichmanderl, das den französischen Kindern in Comics und Trickfilmen das Milchtrinken schmackhaft macht, und der wiederum (Claude Levy, nicht Louis Lait) ein Freund von Sheena Spears ist und für die *AAS* viele Klamotten, die Donna ganz besonders geil findet, und das Firmen-Logo, das der Trainer, der Doc und ich für ganz besonders undiabolisch halten, entworfen hat.

„Noch einmal zum Mitschreiben", sage ich.

Ich habe nach der sechsten Biertulpe aufgehört mitzuzählen, und jetzt komme ich mit den vielen fremdländischen Namen nicht mehr ganz klar.

„Wer is jetzt dieser Gily?"

„Das is der Gily", sagt Donna und zeigt auf den *Billa*-Sack neben mir.

„Dein – wie sagt man? – Tanzpartner? Der schwarzhaarige Feschak?"

„Feschak! Der Gily is der schönste Mann, den ich je gesehen hab. Der Gily is mein Dream Lover", sagt Donna und sieht für mindestens zehn Sekunden aus wie Elfi, die Nette, über beide Ohren verliebt.

„Eh, ein fescher Bursch", sage ich, um den „Feschak" wieder vom Tisch zu kriegen, „vielleicht werden eines schönen Tages die Träume wahr."

„Red keinen Scheiß", sagt Donna. Oder es ist Elfi und hat Liebeskummer.

Ich will mich nicht festlegen. Ich muß aufs Klo.

Auf dem langen Marsch zum Bad- und Toilettensektor von Donnas Wohnpark komme ich an ihrer großzügig dimensionierten Schlafstelle vorbei.

Zwischen Immergrün und der Maske eines venezianischen Pestdoktors hängt ein großformatiges Schwarzweißfoto: der schöne Gily und ein Mädchen, das aussieht wie er, stehen mit wehenden Haaren auf einer Klippe, im Hintergrund die tosende See. Gily und sein weibliches Double tragen Bikerstiefel und jeder einen mit Spikes besetzen Lederhandschuh. Sonst sind die beiden nackt.

Ich muß länger vor dem Foto gestanden sein, als mir zusteht. Denn Donna kommt den weiten Weg aus ihrem Kiva zu mir, nur um mir zu sagen:

„Verschau dich nur nicht."

„Schon passiert", sage ich.

„Das war vor zwei Jahren, kurz nachdem ich sie kennengelernt hab. Eine Aufnahme für *Photoplay*. Da haben sie noch miteinander gearbeitet. Ein paar Monate später hat der Gily das erste Mal durchgedreht. Da war ich schon wieder in Wien. Und Sarah hat mir geschrieben, daß er versucht hat, sich umzubringen."

„Sarah und Gilbert", sage ich.

„Sarah und Gilbert", sagt Donna. „Ich weiß."

Sie mustert mich skeptisch.

„Was is los? Der Gily hat inzwischen schon drei weitere Selbstmordversuche überlebt. Er will nicht wirklich sterben. Er is nur schwer auf destruktiv unterwegs. Kommt in den besten Familien vor."

„Hast du zufällig was Schärferes im Haus?“ frage ich.
Donna hat. Und Elfi macht sich einstweilen Sorgen.

„Du schaust drein, als wär dir grad ein Gespenst begegnet“, sagt sie.

„Sowas ähnliches“, sage ich. Und wäre jetzt in diesem Augenblick liebend gern im verrauchten, stinkenden Bandbus auf der Nachtfahrt von, sagen wir, Dornbirn nach Wien: die Partie brüllt, wie vom bösen Affen gebissen, durcheinander, daß jeder am Fehler des anderen Schuld sei und umgekehrt und zum Quadrat, und der Trainer und ich versuchen, bereits von dröhnendem Kopfschmerz gequält, sowas ähnliches wie System ins allgemeine Chaos zu bringen, was daran scheitert, daß zwei Drittel der Busbesatzung Alkohol in rauhen Mengen zu sich genommen hat und der Rest lieber der Tanzmusik auf Bestellung aus dem Regionalradio lauscht. Der blanke Irrsinn. Aber aushaltbar. Geradezu ein Refugium, verglichen mit diesen Urlaubstagen.

„Was hast du mit den Levy-Zwillingen zu tun?“ fragt Elfi.

„Ich kenn ihre Mutter“, sage ich schwach.

26

Die Welt ist klein. Weiß ich. Und war mir auch recht so, bis zum heutigen Tag.

Aber wenn sich nach zwei toten Halbwüchsigen, einem schwerverletzten Ex-Rallyefahrer und Kaffeehausbesitzer, einem zu Gewalttätigkeit neigenden Friedhofsgärtner, seinem sächsischen Chef und Profi-Killer, einer sexbesessenen Performancekünstlerin, einem professionellen und einem selbsternannten Ermittler-Duo jetzt auch noch die neurotischen, suizidgefährdeten Zwillinge meiner franko-kanadischen Sensation auf engstem Raum in meinem bescheidenen Dasein zusammenschoppen, dann muß ich sagen: Schluß. Aus. Welt hin, Welt her. Was zu klein ist, ist zu klein.

Elfi Tomschik kann mich gut verstehen.

Aber es ist Donna, die den Whisky serviert.

Selbstverständlich *Canadian Club*, uralt und sündteuer. Aus den Beständen des *Palace*. Ein Geschenk von Gily, dem schönsten Mann der Welt.

„Der Gily hat seine Fürstensuite ja kaum benutzt, zumindest in den ersten paar Tagen nicht, aber eine solche Zimmerbar darf man einfach nicht verkommen lassen, find ich", sagt sie.

Und Elfi schwärmt, daß sie und der Gily die letzten sechs Tage endlich wieder ein Herz und Seele waren, wie früher immer in LA, und daß sie Donna sogar dazu überreden konnte, eine der täglichen „Mom & Dead"-Proben von acht auf vier Stunden zu verkürzen, um mehr Zeit für den Dream Lover zu haben.

Denn mit dem Eintreffen der Mutter (aus Quebec, über Paris) am Donnerstag würden sie nur noch auf Sparflamme träumen können. Schließlich ist der Gily Rekonvaleszent, und Mutter Marlene leistet sich in den wenigen Tagen im Jahr, die sie mit ihrem Sohn irgendwo auf der Welt in einem familieneigenen Luxushotel verbringt, sowas wie mütterliche Gefühle. Und dazu gehört auch, den labilen Knaben vor verhängnisvollen Affären mit Frauen wie Elfi und Donna Tomschik zu schützen.

„Keine Durchschnittsfamilie", befinde ich.

„Krank", sagt Elfi.

Aber es geht ihr wie Gilbert und Sarah: Sie blickt nicht wirklich durch.

Der leibliche Vater ist tot, bei einem Unfall ums Leben gekommen, als die Zwillinge noch ganz klein waren. Das war in Berlin. Danach haben sie mit der Mutter in Paris gelebt, und in Kanada, und schließlich wieder in Paris, weil die Mutter Claude Levy geheiratet hat.

„Mit diesem Spinner ist es vielleicht sechs Monate ganz amüsant“, sagt Elfi, „ aber nach sechs Jahren Ehe bist du entweder eine Säuferin oder du hängst dich auf.“

Marlene entschied sich für letzteres, der Versuch schlug jedoch fehl, und sie verbrachte ein halbes Jahr in einem Privatsanatorium. Die Ehe wurde geschieden, die Zwillinge wurden in einem noblen Internat in der französischen Schweiz deponiert und verbrachten die Ferien abwechselnd beim Stief-Daddy in Paris, New York oder LA und bei Marlene, die sich in ihre Heimatstadt, nach Quebec, zurückgezogen hat.

Beim Daddy war entschieden mehr los. Und als die Mutter dann den alten Knacker geheiratet hat, den Hotelsammler David Thompson, waren die Zwillinge bereits sechzehn, hatten keine Lust auf noch einen Ersatzvater und Familienanschluß im Hause Thompson und hielten sich daher an den irren Claude und seine schrillen Freunde. Da ging auch das mit dem Modeln los, und Sarah und Gily waren für ein paar Saisonen die Sensation: die Catwalk-Twins.

Sarah ist heute noch sensationell und gut im Geschäft. Sie brachte die für so viel Schönsein notwendige Askese auf, während Gily einem harten das süße Leben vorzog.

„Er hat leider nix ausgelassen“, sagt Elfi.

„Keinen Kick, keinen Thrill“, übersetzt Donna.

Aber weil in einem Achtzehnjährigen die Erfahrungen von 40 oder mehr erfüllten bis exzessiven Lebensjahren Platz und Rahmen sprengen, sind dem Gily immer wieder und immer öfter die Sicherungen durchgebrannt.

Der große Überdruß, die große Leere. Depro.

„Und du weißt nicht, ob er es das nächste Mal überleben wird“, sagt Elfi.

Kein Mann fürs Leben. Elfi, die Nette, wird weiter suchen müssen, nach einem guten Latsch, der ihr die Sterne vom Himmel holt und sich dabei von Donna pflanzen und sekkieren läßt.

Letzten Donnerstag jedenfalls kam Marlene mit ihren mütterlichen Gefühlen und auch ihrer Antiquitäten wegen nach Wien, und Gily wechselte vorsichtshalber von Donnas Liebesnest in sein Zimmer im *Palace*.

„Damit sie nicht den Hysterischen kriegt und unausstehlich wird“, sagt Donna, „Mütter haben das manchmal, wenn sie von den Kids nicht kriegen, was sie sich in den Kopf gesetzt haben. Ich kenn das. Aber es war dann Gottseidank halb so wild. Anscheinend hast du sie so tief beeindruckt, Kurtl, daß sie den Gily ziemlich in Frieden gelassen hat. Bis zum Samstag. Da hat sie am Nachmittag aus heiterem Himmel beschlossen, daß sie nicht erst am Sonntag abreisen, sondern noch die Nachtmaschine nach Paris nehmen will. Und der Gily hat mein Konzert versäumt. Scheiße.“

Und ich unseren langen Abschied. Scheiße.

„Warum wollte sie so plötzlich weg? Hat sie das öfter?“ frage ich.

„Keine Ahnung. Das Alter. Der Wechsel. Was weiß ich. Und der Gily weiß es auch nicht. Den hat die Blitzaktion natürlich gleich total deprimiert.“

Ich denke an meinen Zustand heute morgen und kann den sensiblen Knaben erstmals gut verstehen.

„Daß ich mir immer nur die Problemkinder eintrete“, meldet sich Elfi und schüttelt betrübt den Kopf.

Ich denke an meine Probleme, die klingende Namen tragen wie Marlene, Tamara, Lotte und Susi, schüttle auch den Kopf und kann Elfi gut verstehen.

„Es ist oft schwer“, seufze ich unter der Last der Erinnerung an viele bittere Erfahrungen, „aber da muß man durch. So ist das Leben. Hart aber ungerecht.“

Während ich der geknickten Elfi derart Trost und Rat spende, und sie mich einen tiefen Blick in ihr großes Herz werfen läßt, krault mir Donna – ich hoffe, Sie, geneigter Leser, anmutige Leserin, verzeihen mir den drastischen Vergleich – mit ihren langen falschen Fingernägeln den Sack.

„Der Gily schießt mich bei jedem Fick durch Sonne, Mond und Sterne. Wenn er das Talent von seiner Mama geerbt hat, dann hast du mit der Marlene ja ordentlich viel Spaß gehabt und vielleicht noch was dazugelernt, auf deine alten Tag. So wie ich vom Gily. “

Donna schenkt mir noch einen *Canadian Club* aus dem Hause Thompson ein. „Also ich könnt dir ein paar Sachen zeigen, Kurtl“, sagt sie.

„Glaub ich dir aufs Wort. Aber ich bin verlobt.“

„Auf Video, du Hirsch. Der Gily und ich haben die Video-8 bei den Proben für unsere *AAS*-Performance mitlaufen lassen. Hot Stuff, schwör ich dir. Und letzten Sommer, im Atelier vom Claude, das war nicht mehr normal ...“

„Und der Wickerl? War der auch so begeistert?“ frage ich, weil mir im Umgang mit Verbalerotikerinnen (wie unser Bassist und Sexualberater Horak diagnostizieren würde) die Praxis fehlt und ich nicht mehr wissen will, als ich auch verkraften kann.

„Wieso kommst mir jetzt mit dem Wickerl?“ murrt Donna.

„Weil der Gily noch am Leben ist, obwohl er sich schon seit zwei Jahren immer wieder den Holzpyjama anmessen laßt, der Wickerl aber wirklich tot ist“, sage ich.

„Scheiße“, sagt Donna. Leise.

„Und weil du nicht die Mutter Theresa bist“, rede ich mir, mit noch einem *Canadian Club* gedopt, einen alten Verdacht von der Seele:

„Das nimmt dir vielleicht der gamsige Skocik ab, während er über die Farb deiner Untergatte nachdenkt, aber sonst schon niemand auf der Welt, daß du den armen kleinen Auer-Buben aus reiner christlicher Nächstenliebe immer wieder aus dem Dreck gezogen hast. Keine Ahnung, was das war zwischen euch, aber einer Freundin, mit der ich in der Sandkiste gespielt hab, schreib ich keine verzweifelten Liebesbriefe. Und einer edlen, selbstlosen Spenderin von mindestens 30 Blatt will ich nicht eins auswischen, indem ich ihr per gefälschtem Lieferschein falsche Whitney-Houston-Platten und Raubkopien von 'Gesichter des Todes, 7. Teil' ins Haus schicke."

„Was is los? Was für Raubkopien?"

Es gibt also was, mit dem man sogar Donna noch überraschen kann. Erstaunlich.

Also kriegt sie Wickerls grandiosen Coup in Kurzfassung um die Ohren, inklusive seine gescheiterte Rache auf Lieferschein.

„Typisch hirntot, typisch Wickerl", ist Donnas einziger Kommentar.

Im Kiva kehrt Stille ein. Bestimmt nicht, weil schon alles gesagt ist.

„Irgendwie trägt man schon auch etwas von dem in sich, das man auf der Bühne darstellt", meldet sich Elfi zu Wort.

Sie baut gerade den nächsten Joint. Und redet so langsam, als hätte ihr ein riesiger Kaugummi die grauen Zellen verpickt. „Schau dich an. Und denk an deinen Doppler auf der Bühne."

„Falsch", sage ich. „Der Doppler hat erstens schon vor Jahren einem viel nobleren Gebinde, nämlich dem Plastikbecher, Platz gemacht. Und zweitens war nie drinnen, was der Laie denkt, sondern Kamillentee." Das entspricht zwar nur zur Hälfte der Wahrheit. Aber mit Halbwahrheiten bin ich hier ja gerade richtig.

„Der Wickerl war kein Lover“, sagt Donna. „Der Wickerl war der Flocki. Wickerl, Platz! Wickerl, faß! Wickerl, kusch! Braver Hund. Böser Hund. Blöder Hund. Von mir hat er sich alles gefallen lassen. Immer schon. Ich war seine erste Frau. Sozusagen.“

In Breitenfurt. Im Tomschik-Garten. Die Elfi war zwölf und der kleine Wickerl hat bei allem mitgespielt, was die große Elfi spielen wollte. Federball. Bezaubernde Jeannie. Tour de France. Damals hat die Elfi das erste Mal bemerkt, daß es neben der netten Elfi auch eine Donna gibt , und diese Donna hat mit dem Wickerl am liebsten Spiele gespielt, die der Wikkerl nicht spielen wollte, aber mit ihr spielen mußte, weil sie ihn sonst zurück in seinen mickrigen Auer-Garten geschickt und nicht zu ihrer tollen Geburtstagsparty eingeladen hätte.

Donna spielte gern Den-Wickerl-in-den-finsteren-Fahrradschuppen-sperren-und-warten-bis-er-plärrt.

Donna spielte gern Hosen-runter und Die-Königin-von-Saba-läßt-sich-von-ihren-Untertanen-die-Füße-küssen.

Ihr Lieblingsspiel aber war eine Piratengeschichte. Mit Donna als Herrin der Sieben Meere und mit Wickerl in der undankbaren Rolle des verräterischen Schiffsjungen, der die Schatzkarte aus ihrer Kajüte gestohlen und im letzten Hafen an Donnas Todfeind, einen einäugigen Piraten namens Hook, verkauft hat. Wieder auf hoher See, überführt die vor Wut schäumende Piratenchefin den Verräter und nimmt seine grausame Bestrafung selbst in die Hand. Der Wickerl wird an den Hauptmast gebunden (da im Tomschik-Garten ein solcher nicht vorrätig war, wurde der Marillenbaum zum Hauptmast erklärt), ausgepeitscht, mit glühenden Eisen für alle Zeit als Verräter gebrandmarkt und schließlich unter der sengenden Sonne Breitenfurts seinem Schicksal überlassen.

Das Piratenspiel war nicht nur ein Mordsspaß, es war

auch auf eine ganz neue Art aufregend. So aufregend, daß sich Donna oft vor dem Einschlafen für den Wickerl immer grausamere Strafen ausdachte.

Und eines Sommernachmittags mußte der Wickerl mitten im Brandmarken ganz dringend Pinkeln. Elfi hätte ihn sofort losgebunden, aber Donna kannte keine Gnade. Sie ließ den Wickerl zappeln, ging rüber ins Gartenhaus, holte sich ein Stück Rhabarberkuchen, und als sie wiederkam, war der Wickerl so weit, daß er ihr für seine sofortige Freilassung sogar seinen ganzen Stolz, ein Modell-Motorboot mit benzinbetriebenem Außenbordmotor und Fernsteuerung überlassen hätte. Aber Donna wollte kein Motorboot. Sie wollte wissen, wie aufregend das ist, wenn sie dem Wickerl die Rapidler-Shorts runterzieht, in den Schlitz seiner Unterhose faßt, sein Schwänzchen herausholt und zusieht, wie der Wickerl an den Marillenbaum gefesselt pinkelt. Es war mehr als aufregend. Überhaupt dann, als sie das kleine, halbsteife Glied nach oben und unten, links und rechts schwenkte und so den Rasen der Tomschiks goß.

Der absolute Höhepunkt dieses Piratennachmittags war aber, als Donna die nackten Beine des Wickerl anvisierte, und der goldgelbe Strahl über seine Schenkel lief, die runtergezogenen Shorts naß machte und seine scheußlichen braunen Plastiksandalen.

Der Wickerl wand sich und wimmerte und jaulte. Aber als ihm Donna den Mund zuhielt, spürte sie, wie seine Zunge ihre Handfläche leckte.

„Wie ein junger Hund“, sagt sie. „Irgendwas hat ihm an unseren Spielchen gefallen. Sonst wäre er nicht immer wiedergekommen.“

„Und manchmal, zum Beispiel wenn es einen richtigen Lover gegeben hat, sowas wie den Gily, dann hast du ihn halt vor der Tür gelassen? Flockimäßig“, sage ich.

Donna meint, daß sie mir das Ganze nicht erzählt hat, um

sich jetzt eine Moralpredigt anzuhören. Mit Moral hätte das alles nämlich nix zu tun, sondern mit Spielregeln. Und die muß man akzeptieren, wenn man mit ihr spielen will.

Elfi sieht das etwas anders, glaube ich. Sie steht auf, verschwindet im Hifi-Sektor und legt einen Sampler mit alten Soulschleichern auf. Irma Thomas, Otis Redding, Sam & Dave, Joe Tex. „A Woman (Can Change A Man)".

„Und die blauen Flecken und Narben am Schwanz, von denen die Kieberer glauben, es wären Folterspuren? Sind die auch vom Spielen?"

„Folterungen!" lacht Donna.

Sie hat Elfi im Hifi-Sektor gelassen. Vielleicht tanzt sie dort allein eine Runde durchs Paradies. Einen Blues. Oder hockt in einem finsteren Winkel am Boden und heult. Oder wünscht mich zum Teufel, weil ich wegen ein paar beschissener Videos herkomme und dann ständig Fragen über Dinge stelle, die ihr Donna einbrockt hat und mit denen sie garnix zu tun haben will.

„Die Blutergüsse waren schon ein paar Tage alt, als der Wickerl abgestochen wurde", sage ich „also kann sie ihm der Mörder nicht verpaßt haben. Zumindest nicht am Mittwoch in der Nacht. Und so frag ich mich halt, ob sie eventuell bei einem eurer letzten Spielabende entstanden sind. In der Hitze des Gefechts oder so. Wenn nicht, dann nicht. Wenn schon, dann is wieder eines von tausend Rätseln geklärt, die mich langsam aber sicher um den Verstand bringen. Apropos: Kannst du mir einen Kaffee machen? Ich begleit dich sogar in die Küche, wann's sein muß, damit dir nicht fad wird."

Donna steht auf und gibt mir durch ihren resoluten Wink zu verstehen, daß ich ihr hinter den Perlschnurvorhang folgen soll.

Im Küchensektor ist alles wie im Prospekt. Tiptop und piccobello. Typisch Elfi.

„Mit dem Wickerl hat es seit seiner Linken mit der Baßanlage keine Spielabende mehr gegeben", sagt Donna und programmiert dabei mit links ihren Kaffee-Computer.

„Dann is ja alles klar", sage ich. „Dann war's wer anderer. Und den werden die Kieberer schon finden."

Ich bin heilfroh, daß Elfi wenigstens in diesem Punkt von Donnas dunklen Leidenschaften unbehelligt bleibt.

Aber mein Glück währt nicht lang.

„Das war der Job, den ich ihm vermittelt hab", sagt Donna. „Und den er am ersten Tag gleich geschmissen hat."

„Irgendwie verständlich, wann er dermaßen auf die Gesundheit geht, findst nicht?" sage ich.

Aber Donna kennt kein Erbarmen.

„Der Wickerl hat gwußt, worauf er sich einlaßt. Und die Gage war echt fürstlich. Dafür hab ich gesorgt."

Und während das Kaffeewasser fröhlich durch eine Filtermaschine blubbert, die garantiert noch viel mehr kann (zum Beispiel doppelte Buchführung oder die Erstellung von Donnas Tageshoroskop), erfahre ich, was ich immer schon über Pornofilme wissen wollte, aber weder den Sexualberater, noch den Trainer oder Doktor Trash gefragt habe.

Donna weiß, obwohl sie selbst sowas natürlich nie machen würde, selbstverständlich alles. Zum Beispiel über den harten Job des Hardcore-Doubles.

Als solches nämlich hat sie den Wickerl an einen Bekannten (*AAS*-Connection) vermittelt, der für ein Butterbrot die Rechte an alten, billigen Softsexfilmen erworben hat und diese absolut unverkäuflichen Schinken nun, angereichert durch harte Pornografie, auf den schier unersättlichen Videomarkt wirft.

Die Methode ist ebenso effektiv wie billig: Wenn die Handlung des Originalstreifens lahmt, und das tut sie eigentlich in Permanenz, sorgen Groß- und Detailaufnahmen von kopulierenden, ausscheidenden oder malträtierten Organen und Körperteilen für jenen Hardcore-Faktor, der dem Werk für den Feinspitz den nötigen Kaufanreiz verleiht.

Daß dabei auf dramaturgische Feinheiten wenig Rücksicht genommen, aber von den Akteuren absoluter Körpereinsatz erwartet wird, hätte sich der Wickerl eigentlich denken können.

Hat er aber nicht. Und so taumelte er letzten Samstag in das Studio einer bankrotten TV-Produktion, um dort seinen ausnahmsweise frisch geduschten Luxuskörper der pornografischen Auffettung eines „Hell's Angels"-Streifens spanisch-italienischer Herkunft (Baujahr 1974, deutscher Verleihtitel der Originalversion: „Heiße Girls auf Feuerstühlen") zur Verfügung zu stellen.

Der Regisseur war kein Fellini und wollte außerdem rasch wieder heim ins Bett, um seine Grippe auszukurieren, und so erfuhr der Wickerl nie wirklich, warum er von seiner ebenfalls arg verrotzten und noch dazu leicht reizbaren Partnerin derart verprügelt, gebissen, gekratzt und mit einem Springmesser drangsaliert wurde, ehe sie seinen müden Schwanz in den Mund nahm, um daran eine halbe Stunde oder länger zu saugen und zu lutschen.

Den zweiten Drehtag, an dem sein Zusammentreffen mit dem Chef der Rockerbande und dessen verschnupfter Braut auf dem Drehplan stand, ließ der Wickerl dann vorsichtshalber ausfallen.

„Typisch Wickerl", sagt Donna.

Und der Kaffee ist fertig. Donna trägt den Süßstoff in den Sitz- und Denksektor. Ich trage das Tablett mit dem Rest.

Nach der zweiten Tasse ist Elfi wieder da und fragt mich, ob ich nicht Lust hätte, den Rest der Nacht hier zu verbringen.

Irgendwie sei ihr unser Gespräch ziemlich nahe gegangen, ich könnte auch gern in ihrem Kiva schlafen, ein Gästebettzeug wäre vorhanden, und vielleicht könnte man beim Frühstück noch einmal über alles reden, das wär doch was. Die ganze unsägliche Geschichte bei Tageslicht und Ham & Eggs.

„Vielleicht nächstes Mal", sage ich.

Da komme ich dann mit dem Trainer und dem Doc. Und während ich mit Elfi über ihre tragischen Männergeschichten (die eigentlich Knabengeschichten sind) nachdenke, dürfen sich meine Experten von Donna ihre schärfsten Videos vorführen lassen.

Könnte ein richtig netter Abend werden.

27

„Will der was von Ihnen?" fragt der Taxler.

Er hat nichts dagegen, daß ich mir eine anrauche, spielt eine Cassette der Allman Brothers Band („Eat a Peach"), und auf dem Beifahrersitz liegt ein Taschenbuch von Flann O'Brien („Der dritte Polizist", die Nummer 2 auf des Trainers Bestenliste), also kann er eigentlich kein schlechter Mensch sein. Trotzdem macht es ihm offensichtlich einen Heidenspaß, sich auf meine Kosten zu amüsieren.

„Vielleicht ein Autogrammjäger", sagt der Taxler und grinst mich durch den Rückspiegel an.

Es ist halb Fünf. Ganz Wien liegt im weichen, warmen Federbett und träumt von den Annehmlichkeiten der heranbrechenden Arbeitswoche. Nur ich hänge auf der Rückbank eines Funktaxis in den Seilen, denke an die Kopfschmerzen, die mir diese Nacht in Donnas Wohnparadies in weniger als fünf Stunden bescheren wird und bin dem Hohn eines frustrierten Bildhauers (oder Musikers, Malers, Dichters, Erfinders, ewigen Anglistikstudenten) und Wochenend-Taxlers hilflos ausgeliefert.

„Fans können, wie man hört, ziemlich lästig werden", sagt er.

„Taxler auch", sage ich leise.

„Passiert Ihnen das öfter?" stichelt er weiter, entweder weil er mich nicht gehört hat oder weil ihn der Neid auf die Popularität eines hart arbeitenden Musikanten zum verbitterten, sekkanten Spötter gemacht hat.

„Sie sind doch im Grunde ein netter Mensch. Oder?" sage ich, jetzt etwas lauter. „Warum lassen S' mich dann nicht in Frieden?"

„Das dürfen S' nicht mir sagen, Herr Ostbahn, da müssen Sie sich schon bei dem Typ im weißen Citröen beschweren. Aber ich kann mir das vorstellen. Muß ein ziemlicher Streß sein. Tag und Nacht im Rampenlicht. Nix Privates. Nicht einmal im Privatleben. Ich würd nicht mit Ihnen tauschen wollen."

Doch ein guter Mensch. Herzensgut. Und während er, ausgehend von meinem Schicksal, auf das der wirklichen Stars, in England und Amerika zum Beispiel, zu reden kommt, starre ich aus dem Fenster hinaus auf den Gürtel.

Das Nachtleben hat schon Sperrstunde. Ein paar Laster beliefern die wenigen Läden, die hier tagsüber offen haben. Sonst ist niemand auf der Straße.

Nur mein Taxi und ein weißer Citröen.

„Wie lang is der schon hinter uns?" unterbreche ich die Betrachtungen des Taxlers über die Isolation und den daraus resultierenden Realitätsverlust vieler Stars und Idole, die zu Alkoholismus, Drogensucht und lebensbedrohender Vereinsamung und innerer Armut führen.

„Schon die ganze Zeit. Wie wir aus der Florianigasse weggefahren sind, hat er sich anghängt. Und seitdem fahren wir im Convoy."

Wir biegen in die Sechshauser Straße ein. In zwei Minuten stehen wir vor meinem Haus. Der Taxler wird kassieren und weiterfahren, seine Allman Brothers hören und über Elvis nachdenken.

Und ich werd in der menschenleeren Reindorfgasse stehen, vielleicht noch den Haustorschlüssel aus der Tasche holen, und spätestens beim Aufsperren wird der kalte Hauch des Todes meinen Nacken streifen.

In der Reindorfgasse sind wir bei „Graceland" angelangt, und der Citröen fällt etwas zurück.

„Das is kein Autogrammjäger", sage ich. „Der will was anderes."

„Sag ich ja", sagt der Taxler, „Man wird zum Allgemeingut, wird zur öffentlichen Bedürfnisanstalt. Jeder glaubt, er kann, darf und tut es auch! Warum hatte Elvis eine ganze Armee von Sicherheitsleuten und scharfen Hunden? Warum? "

Das Taxi hält vorm Haus. Der Citröen hält Abstand.

Natürlich könnte ich auch ein Stück weiter fahren, zum Kommissariat in der Ölweingasse, und dort melden, daß mir ein weißer Citröen gefolgt ist, bis direkt vor die Tür des Wachzimmers, und daß die Frau meines Trainers und eine gewisse Elfi Tomschik Samstagnacht ebenfalls einen weissen Citröen gesehen haben, auf der Fahrt von der Längenfeldgasse zum *Quell* drüben am Eck, und der Mopedfahrer aus dem *Kronenblatt* bereits in der Nacht, in der der Wickerl ermordet wurde, unten in der Sechshauser Straße einen beigen oder weißen Wagen beobachtet hat, und daß das mit einem Fall zu tun hat, der weite Kreise zieht, bis hinüber nach Kalifornien und bis hinunter in die Welt des organisierten Verbrechens, aber ich fürchte, der diensthabende Beamte wird mir nur mit müden Augen ins schwer getrübte Auge blicken und mir empfehlen, mit dem Bier und vor allem mit dem kanadischen Whisky vorsichtiger zu sein und mir jetzt schön brav meinen Rausch auszuschlafen anstatt ihm auf die Nerven zu gehen.

Und wenn ich ihm immer weiter auf den Hammer gehen würde, und er sich, in Gottes Namen und damit diese arme Trinkerseele endlich ihre Ruhe findet, die Arbeit macht, draußen nachzuschauen, dann wird kein weißer Citröen vor der Tür stehen.

Zumindest nicht der weiße Citröen des Schlächters von Sechshaus.

Der Taxler wartet immer noch auf sein Geld. Er wartet gern, denn irgendwie ist er von der Einsamkeit des Elvis Presley auf die Allmacht Gottes gekommen, und darüber läßt sich auch allerhand sagen.

„Ich hätt eine Bitte“, sage ich, als ich ihm nach langem Suchen einen Hunderter nach vorne reiche, „würden Sie vorm Haustor warten, bis ich drinnen das Minutenlicht angedreht hab?“

„Das Lennon-Syndrom“, sagt er mitfühlend.

28

Der Anruf kommt ungelegen.

Es ist kurz nach zehn, beim Doc hat vor fünf Minuten ein Gipfeltreffen begonnen. Ich habe den Verdacht, Fürst Astaroth hat sich extra für mich Kopfschmerzen ausgedacht, gegen die auf Gottes Erden noch kein Kraut gewachsen ist, und es gibt nicht einmal Aspirin im Haus, um das zu überprüfen.

„Hallo? Ostbahn? Scheißapparat. Hallo?“ höre ich den wieder genesenen Skocik, immer wieder unterbrochen durch das Rauschen eines Wasserfalles.

Der weiße Citröen hat mir zwei Stunden Schlaf gekostet, in denen ich mich schweißgebadet auf der Bettbank hin-

und hergewälzt habe. Und das fräsende Organ von Brunners Gehilfen verursacht nun irreparable Schäden an meinem ohnedies nur noch hauchdünnen Nervenkostüm.

„Ich versteh kein Wort", sage ich, „Zahlknopf drücken."

„Scheiß ... Chef ... dringend sprechen."

Jetzt ist es kein Wasserfall, sondern sanftes Meeresrauschen, das Skocik daran hindert, klar und deutlich zu sagen, was er von mir will.

„Zuerst Zahlknopf drücken", empfehle ich ihm ein zweites Mal.

Ein pampiges Krachen, dann der pampige Skocik. Störungsfrei.

„Skocik. Der Chef will mit Ihnen reden. Heut noch, wann's leicht geht."

„Von wo rufen Sie an, Skocik? Von den Malediven?"

„Ich bin im Auto. Der Brunner is grad bei der Dings. Und dann will er Sie sehen. Wo kann man Sie heute ..."

Eine Flutwelle spült ihn wieder fort.

„Ich hab einen wichtigen Termin. Und außerdem hab ich mit Ihrem Chef bereits ein Gespräch vereinbart", sage ich.

„Was? brüllt Skocik. „Wo? Für wann?"

„Ich ruf ihn heute an. Nach meinem Termin", sage ich.

Aber damit gibt sich Skocik nicht zufrieden.

„Nix Termin, Herr Ostbahn. Wir haben eine Leich. Und der Mörder wart ned. Kapischo?"

„Was für eine Leich?" frage ich.

„Die nächste", sagt Skocik.

Rauschen. Regen trommelt auf ein Blechdach. Skocik sauft kurz ab und kommt gleich wieder. Glasklar.

„Und er is Ausländer. Ein Deutscher."

Mir fällt der Profi mit dem Karl-May-Akzent ein, der für die unprofessionelle Erledigung seines Bananenkisten-Jobs vom Piratenhäuptling mit der Höchststrafe bedacht wurde.

„Aus Sachsen-Anhalt?" sage ich.

„Was?
„Na, die deutsche Leich. Wo is die her?"
„Bremen. Aber wohnhaft in Köln. Is übrigens wieder einer aus Ihrem Metier."
„Ein Urlauber?" frage ich.
„Manager", sagt Skocik. „Bei einer Plattenfirma. Behrens. Stefan Behrens."
Der lustige Steve.
„Scheiße", sage ich.
„Ja", sagt Skocik „Jetzt wird's eng."

29

Ich kenne den Drachen. Ich hab sogar gesehen, wie er mit den Flügeln schlägt. Und Samstag nach dem Frühstück konnte ich beobachten, wie sich seine fünf Köpfe drehen und winden. An der Innenseite von Marlenes linkem Oberschenkel. Sehr eindrucksvoll. Und in Farbe.

Was mir der Doc in die Hand drückt, ist die verkleinerte Schwarzweiß-Kopie einer Doppelseite der *AAS-News*. Und der Drache fliegt hier nicht auf Marlenes Haut, sondern auf der Leinwand seines Schöpfers Claude Levy.

Der Künstler posiert neben seinem Werk, sieht aus wie ein vollbärtiges Gerippe in Trauer, und der Text neben dem Foto verrät Fürst Astaroths Kundschaft, daß der Designer-Star aus Frankreich dieses Motiv ursprünglich als Tattoo für seine Frau geschaffen hat, die es ihr Leben lang an einer verborgenen Stelle ihres Körpers tragen wird.

„Astaroths Drache steht ihr gut. Er wird sie aber auch nach ihrer Scheidung von Claude und auf ihrem weiteren Lebensweg an der Seite des kanadischen Hotelmagnaten David Thompson (64) immer daran erinnern, wo sie hingehört", zitiert der Doc aus dem teuflischen Fachblatt, das seinen Lesern des weiteren enthüllt, daß Claude Levys fliegender Drache in der neuen *AAS*-Kollektion endlich der kunstinteressierten Öffentlichkeit zugänglich gemacht wird. Exklusiver Körperschmuck in Silber, T-Shirts aus 100% Baumwolle, String-Tangas in den Farben Schwarz und Rot sowie Schnürkorsetts aus feinstem Nappa-Leder werden Astaroths Wappentier tragen und können ab sofort zu den üblichen Konditionen bestellt werden.

„Dafür liebe ich diese Vereinsblätter", meint Doktor Trash, „hier ist die Welt noch in Ordnung, hier steht halt noch die eigene Familie im Mittelpunkt, mit ihren kleinen Sorgen, großen Erfolgen und dem vollen Namen. Thompson. Du erinnest dich, Kurtl?"

Der Trainer grinst nur blöde.

„Ich hab zuerst im *Palace* in Paris angefragt, dort hat man mir bestätigt, daß die Dame des Hauses, in Begleitung ihres Herrn Sohnes, Gilbert Levy, eingetroffen ist. Und dann hab ich ein bißchen in den *AAS-News* geblättert. Marlene und ihr fliegender Drache waren rasch gefunden."

Der Doc nimmt mir die Kopie aus der Hand und überreicht mir einen Packen Telefaxe.

„Da man beim besten Willen nicht sämtliche Jahrgänge sämtlicher Vereinsblätter daheim im Archiv haben kann, hab ich meine Informanten in der Neuen Welt um Nachschub gebeten. Und prompt aufschlußreiches Bildmaterial über die Familie erhalten. Claude Levy, Astaroths Haus- und Hofdesigner, bei der Arbeit; Levy mit den Catwalk-Twins, Sarah und Gilbert; Levy und Kelly Nichols; Gilbert Levy mit Donna Tomschik; Donna Tomschik mit Claude Levy; Don Spears, Donna und Gilbert; alles Schnappschüsse aus den letzten beiden Jahren."

Die Bilder zeigen die Beteiligten beim Essen, Lächeln, Smalltalk. In Restaurants, Galerien, Gärten (mit Swimming Pool).

Die einzige Nacktaufnahme kenne ich bereits aus Donnas Wohnung. Die Zwillinge und das Meer. Ohne freundliche Genehmigung von *Photoplay*.

„Wieso hast du uns nix davon gesagt?" eröffnet der Trainer das Verhör, das eigentlich eine Generalversammlung hätte werden sollen.

„Hat mich wer was gefragt? Ich komm rein und werde von zwei Scharfrichtern mit Marlenes Drachen konfrontiert. Keiner fragt, wie ich die letzte Nacht überlebt hab. Keiner fragt, warum der lustige Steve nie mehr wieder lustig sein wird. Keiner will wissen, ob ich einen Kaffee brauch oder ein Kopfwehpulver."

Mehr fällt mir zur meiner Verteidung nicht ein.

„Eins nach dem andern", sagt der Doc.

„Aber vorher noch einen Kaffee", sage ich.

Als der Doc in die Küche geht, um mir widerwillig diesen bescheidenen Wunsch zu erfüllen, von dem heute mein Überleben abhängt, mustert mich der Trainer und macht dabei sein widerliches Erik-Ode-Gesicht.

„Du schaust furchtbar aus, Kurtl", sagt er.

Aber anstatt einer guten Idee, wie zum Beispiel die Vertagung der Verhandlung oder drei Stunden Schlaf im Gästezimmer des Doc, kommt bloß ein endloser Sermon über meine Unzuverlässigkeit, mit der man im Musikanten-Alltag mit einem blauen Auge über die Runden kommt, im wirklichen Leben aber mindestens den Tod riskiert.

Und dann muß ich mir anhören, daß der fleißige Trainer mit seinem fleißigen Freund, dem Doc, seit fünf Stunden am Computer an der Arbeit sind, der Doc bereits die halbe Nacht Vorarbeit geleistet hat und es jetzt nur noch an mir liegt und an den Ergebnissen meiner Nacht mit Elfi „Donna" Tomschik, daß sie ihrem grandiosen Datenwerk den letzten Schliff geben können. Die beiden Experten haben, so weit ich das verstanden habe, sämtliche verfügbaren

Fakten, Daten, Theorien und Vermutungen zu ihrem Fall (gestern war's noch unserer) dermaßen grandios miteinander vernetzt, daß die Lösung zum Greifen nahe ist.

„Funktioniert alles ganz einfach", sagt der Trainer, „ist im Grunde nix anderes als ein Computerspiel."

„Computerspiel", sage ich. „Großartig. Ich steh mit einem Fuß im Grab, und die Herren spielen Hirn-Lego."

Der Trainer will meine gesunde Skepsis mit einem neuerlichen Wortschwall in Fachjapanisch zerstreuen, aber Gottseidank kommt der Doc mit dem Kaffee, und ich darf über Sachen reden, die ich selbst erlebt habe und daher auch begreifen kann. Zumindest ansatzweise.

„Diese Marlene", sagt der Doc, und schon klappert der Trainer auf der Tastatur des Computers. „Woher kennst du die?"

„Aus dem *Rallye*."

„Gschichtl", jault der Trainer auf. „Was macht eine solche Frau in dem grindigen Tschocherl?"

„Telefonieren", sage ich und verstehe meine sachlichkühle Reaktion auf die Anwürfe des Trainers als Trainingslauf für anstehende Gespräche mit Profis wie Brunner und Skocik.

„Und dann?" sagt der Doc.

„Plaudern. Trinken. Ein bißl Flirten."

„Mit dir? Im *Rallye*? Na freilich", sagt der Trainer und lacht. „Und dann schleppst du s' ab in die Reindorfgasse, ins Archiv, zeigst ihr meine Plattensammlung, die Dinge nehmen ihren Lauf, man kommt sich näher, bei entsprechender Musik ..."

„Willie Nelson", sage ich. „Deine Cassette, Trainer, aber leider mehrmals unterbrochen durch deine Anrufe. Von hier, aus diesem Theater, wegen der falschen Whitney und der *AAS*."

„Wann soll das gewesen sein?" sagt der Doc.

„Fragts euren Computer“, sage ich.

„Am Donnerstag in der Nacht“, sagt der Trainer, ohne den Computer um Rat zu fragen. „Aber was machst, bittschön, du mit einer solchen Frau?“

„Das is eine andere Gschicht“.

„Und es is dir nicht spanisch vorgekommen, daß eine Millionen schwere Hoteliersgattin aus Kanada mit familiären Verbindungen zur *AAS* im *Rallye* in der Sechshauser Straße in dein Leben tritt, justamend einen Tag nachdem der Wickerl ermordet wurde?“ fragt der Doc.

„Davon war doch letzten Donnerstag noch keine Red“, sage ich.

„Und jetzt, wo die Dinge auf der Hand liegen? Was denkst dir da?“

Ich denk mir garnix. Das soll der Computer erledigen. Er hat letzte Nacht nicht mit der Elfi Bier getrunken und mit der Donna *Canadian Club*. Er hat den weißen Citröen nicht erlebt, und hatte keine Schweißausbrüche bis in den frühen Morgen. Er ist noch jung und zum Denken da.

Also liefere ich ihm alles, was ich weiß: über Elfi, Donna und den Wickerl. Über Marlene, Gily und den Rest der lieben Familie. Über den weißen Citröen und den toten Steven.

Da weiß ich ja nur, was der Skocik in seiner gewohnt liebenswürdige Art zu berichten wußte, ehe sein Autotelefon (und mit ihm vielleicht der ganze Wagen samt Besatzung) von einer gewaltigen Sturmflut erfaßt und in die Tiefe gerissen wurde.

Steve ist die zweite Leiche mit gleichen Symptomen. Also Kehle durch, Bauch auf, Herz raus. Gefunden auf dem Gästeparkplatz der Pension *Gloriette* im 13. Bezirk, Montag kurz nach sechs Uhr früh, im Kofferraum eines Mietwagens. Vom Nachtportier, der nach Dienstschluß heimfahren wollte und sich gewundert hat, daß der Wagen jenes deutschen Gastes, der doch am frühen Sonntagabend abgereist ist, immer noch am Parkplatz steht. Mit der Reisetasche am Rücksitz und mit unversperrten Türen.

Trainer, Doc und Computer machen einen zufriedenen Eindruck, als ich die Augen schließe und stumm nach der Couch im Gästezimmer rufe.

„Schlaf eine Runde, Kurtl", sagt der Trainer. „Wir holen dich dann."

„Wozu?"

„Du willst doch sicher wissen, wer es gewesen ist."

„Dazu brauch ich kein Computespiel. Das weiß ich auch so", sage ich. Und sehe mit geschlossenen Augen, wie Trainer und Trash wissende Blicke wechseln und mitleidig nicken.

„1+1=3", zitiere ich aus meinem reichhaltigen Schaffen den Titel eines Shuffles zum Thema Beziehungsdreieck, der in der bitteren Erkenntnis gipfelt, daß über kurz oder lang einer der drei Beteiligten auf der Strecke bleibt.

„Für die Donna müßte man eine extended Version machen: 1 und 1 ist 3 hoch 3. Und wenn jetzt ein ohnehin fertiger Typ an eine Frau wie die Donna sein Herz verliert, dann kann er leicht zum Massenmörder werden."

„Und wer hat sein Herz an die heißkalte Donna verloren?" fragt der Trainer.

„Der Wickerl", sage ich.

„Aber der ist bekanntlich eines der Opfer. Also kann er nicht gleichzeitig der Mörder sein", kommt mir der Doc wieder einmal auf schulmeisterlich. „Das is doch logisch."

„Logisch hin, logisch her", sage ich. „Ich bleib dabei: 1+1=3."

30

Als ich am Nachmittag wieder zu mir komme, sehen die Welt und das Gästezimmer des Doc nicht wesentlich anders aus.

Doch dem aufgeregten Stimmengewirr nach zu schließen, das aus dem Arbeitszimmer herüberdringt, habe ich irgendwas Weltbewegendes verschlafen. Auf dem Weg zum Klo werfe ich einen Blick in die Schreibstube:

Das Mörderspiel funktioniert wirklich und scheint aufregender zu sein als ein Pokerabend beim Kohlen-Güntl. Denn um den Computer hat sich eine wild gestikulierende Vierergruppe versammelt. Der Doc sitzt händeringend vor dem Monitor, und seine erhitzten Mitspieler geben ihm gleichzeitig die widersprüchlichsten Kommandos.

„Ich tu was ich kann", weist er die Spielrunde zurecht, „aber so geht's wirklich nicht!"

Und dann sein Spruch zum Tag: „Immer eins nach dem andern."

Auf leisen Sohlen, um die Herren durch mein plötzliches Auftauchen nicht noch mehr aus der Fassung zu bringen, setze ich den Weg zur Toilette fort und muß dabei an meine Mutter denken: Anläßlich eines ihrer seltenen Konzertbesuche – ich glaub, der Auftritt fiel mit meinem vierzigsten Geburtstag zusammen – sagte sie, als sie nach der Show in meine Garderobe kam und ihren Sohn verschwitzt und schwer gezeichnet von drei Stunden Tanzen und Singen auf dem Klappbett liegen sah: „Wie die Kinder. Ihr Männer werds euer Lebtag nicht erwachsen."

Müttern fehlt vielleicht der nötige Abstand zu einer objektiven, fundierten Konzertkritik, aber manchmal sagen sie Sachen, die der Wahrheit ziemlich nahe kommen.

Die vielen schlaflosen Nächte, die Trainer und Trash mit ihrem eisernen „Felix" oder „Helix" am Computer verbringen, weisen sie nicht gerade als besonders vernunftbegabte, erwachsene Menschen aus. Was man Lebenskünstlern und Privatgelehrten jedoch nicht zum Vorwurf machen sollte.

Aber daß auch die beinharten Profis Brunner und Skocik wie die Kinder, und noch dazu in ihrer Dienstzeit, mit der Maus Jagd auf den virtuellen Mörder machen, stärkt mein Vertrauen in die Schlagkraft der Exekutive nicht sonderlich.

„Wieder frisch und munter, Herr Doktor?“ sagt Brunner, als er mir im Vorzimmer, angelockt durch das Rauschen der Klospülung, entgegenkommt. „Wirklich beachtlich, was Sie und die Herrn Kollegen in der kurzen Zeit auf die Beine gestellt haben. Alle Achtung.“

„Ahja?“ sage ich vorsichtig. „Gfallt's Ihnen?“

Brunner ist beeindruckt. Und nicht mehr (oder noch nicht?) böse, daß drei blutige Amateure den Professionisten vom Sicherheitsbüro seit Tagen ins Handwerk pfuschen. Im Gegenteil. Brunner findet es bemerkenswert, wenn nicht sogar vorbildhaft, mit wie viel Einsatz, Verve und Umsicht ich seiner Bitte, mich doch in meiner Welt nach wichtigen Hinweisen umzuhören, Folge geleistet habe.

„Das war ganze Arbeit“, sagt er. „Ganze Arbeit.“

Als flexibler Mensch freut man sich natürlich über so viel Lob aus berufenem Munde. Aber ich vergesse auch nicht, den Eifer von Trainer, Doktor Trash und ihrem besten Freund, dem Computer, zu würdigen. Brunner sieht das ähnlich, meint aber, ohne die Verdienste meiner Expertengruppe schmälern zu wollen, daß es letztendlich immer der Hartnäckigkeit, um nicht zu sagen Besessenheit, eines führenden Kopfes bedarf, um eine Operation wie diese zu ihrem erfolgreichen Abschluß zu bringen.

„Hmm“, sage ich.

War ja doch kein Fehler, dem Kollegen Skocik Telefon-

zu brüllen, ehe die Verbindung endgültig Opfer eines mittleren Seebebens wurde. Denn das Auftauchen der beiden Krimineser während meiner Mittagsruhe hat nicht nur einige Unklarheiten, unser privatdetektivisches Vorgehen betreffend, ausgeräumt, sondern scheint auch auf spielerischem Wege zur Ergreifung oder zumindest Umzingelung des Schlächters von Sechshaus geführt zu haben.

Und ich weiß wieder einmal von garnix.

Brunner ist mir im Moment keine große Hilfe. Während er mich in die Küche begleitet, wo der Doc theoretisch noch ein paar Flaschen Bier vorrätig haben müßte, beklagt er sich über den antiquierten Gerätepark, der ihm für eine moderne Verbrechensbekämpfung zur Verfügung steht, und lobt sich halt das Equipment des Doktor Trash und des deutschen Bundeskriminalamtes.

Die Kollegen in der Piefkei haben innerhalb einer halben Stunde in dem nach den Angaben von Ederl dem Großen angefertigten Phantombild von Rudis Mörder den international zur Fahndung ausgeschriebenen Ulrich Höhne erkannt: geboren in Dresden, einst Mitglied einer DDR-Olympiastaffel im Hürdenlauf, dann auf die schiefe Bahn geraten und in Hehler- und Schieberkreisen im goldenen Westen Karriere gemacht als Mann fürs Grobe.

„Der is Gottseidank nimmer unser Bier“, sagt Brunner. „Den erledigen die Deutschen. Über kurz oder lang. Seiner letzten Verhaftung hat er sich entzogen, indem er in Hamburg eine Funkstreife in der Alster versenkt hat. Inklusive Besatzung.“

„Auch ein Bier?“ sage ich.

Brunner nickt, zieht zwei Zettel aus der Tasche, faltet sie auf dem Küchentisch auseinander und streicht sie glatt.

„Warum ich Sie ursprünglich sprechen wollte, Herr Doktor“, wechselt er mit Erhalt einer Flasche Gösser das Thema. „Sagt Ihnen einer der Namen was?“

Ich überfliege die Liste von zirka hundert Namen und Adressen aus dem gesamten Bundesgebiet und finde darunter gut ein Dutzend, das jeder in diesem Lande kennt.

„Bekannt aus Film, Funk und Fernsehen", sagt Brunner. „Die meine ich nicht. Schaun S' noch einmal genauer."

„Naja", sage ich nach nochmaliger Durchsicht. „Der Christian Nagy ist, glaub ich, der Gschwinde und spielt bei 'Mom & Dead' Gitarre, der Tobias Kern is dort Schlagzeuger. Und der Turnstaller, genannt Turbo, ist ein alter Freund der Trainer-Familie, ein verläßlicher Bassist und Nachfolger des verblichenen Ludwig Auer. Aber was is das für eine Liste?"

„Die hat mir die Frau Tomschik freundlicher Weise überlassen", sagt Brunner. „Das ist die Einladungsliste zu ihrer Party oder Modenschau, oder was weiß ich."

Skocik kommt wie gerufen. Er sucht das Klo und findet, was er sucht, in der Küche. „Da schau her, der Herr Ostbahn. Frisch is anders. Ham wir uns letzte Nacht ein bißl übernommen bei der Frau Tomschik, was?"

„Ich nicht", sage ich. „Und daß Sie auch da waren, is mir gar nicht aufgefallen."

Skocik lacht braungebrannt und sieht aus, als hätte er seinen Krankenstand für einen Weekend-Flug auf die Kanarischen Inseln genutzt. Oder aber es gibt für Bundesbedienstete bereits Solarium auf Krankenschein.

„Übrigens eine fesche Frau, die Tomschik. Und blitzgescheit noch dazu", sagt Brunner nicht zum ersten Mal. Er hat eindeutig eine Schwäche fürs Hantige.

„Sie haben keine Einladung gekriegt für morgen?" fragt Skocik.

„Steh ich auf der Liste?" sage ich. „Ich hör von der Party grad das erste Mal."

„Als alter Freund des Hauses?" Skocik zieht zweifelnd die Augenbrauen hoch.

„Ich hab die Tomschik am Samstag das erste Mal in meinem Leben gesehen. Live. Mit ihrer Band, und nachher beim Wirten."

„Und weil's beim ersten Mal so schön war, haben Sie die letzte Nacht gleich mit ihr durchge-, mit ihr durchsaufen müssen. Verstehe."

Skocik grinst affig und setzt dann seine Suche nach dem Häusl fort. Gerade zum richtigen Zeitpunkt, denn noch eine seiner schwachsinnigen Meldungen, und ich hätte meine gute Kinderstube vergessen.

„Was is los mit dem Volltrottel?" frage ich Brunner.

„Er mag die meisten Leut erst, wenn sie tot sind", sagt er und leert das Gösser in einem langen Zug. „Und die Tomschik mag er überhaupt nicht."

Mir völlig unverständlich, wo sie ihm doch sogar ein so intimes Geheimnis wie das der Farbe ihrer Unterwäsche verraten hat, ohne daß er lang danach fragen mußte.

„Der Skocik meint, ohne die Tomschik gäb es heute zwei Leichen weniger. Und das wär arbeitstechnisch eine große Erleichterung."

„Die Tomschik?" sage ich. „Den Wickerl? Und diesen Steve? Was hätt sie davon? Tote zahlen keine Schulden. Und produzieren, so viel ich weiß, nur ganz selten Platten."

„Neinein, Herr Doktor. Nicht daß sie selber, eigenhändig. Das meint er nicht. Der Skocik is, auch wenn Sie ihn nicht mögen, was ich ganz gut verstehen kann, in dieser Angelegenheit ganz auf Ihrer Seite."

Brunner spricht, was sonst nicht seine Art ist, in Rätseln. Wenn ich in dieser unsäglichen Angelegenheit auf einer Seite stehe, dann ist das meine. Und da ist für Leute wie Skocik garantiert kein Platz.

„Auf meiner Seite?" sage ich. „Und wie schaut die aus? Nur, damit keine Mißverständnisse aufkommen."

„Ihre Theorie, Herr Doktor", sagt Brunner.

Ich kann mich zwar an keine Theorie erinnern, mit der ich die Sympathien von Skocik errungen hätte, und wenn es eine geben sollte, dann muß sie im Zustand geistiger Umnachtung entstanden sein. Aber nachdem heute mein Erinnerungsvermögen und ich auf ziemlich wackligen Beinen durchs Leben gehen, nicke ich vorsichtshalber grüblerisch und hole Brunner und mir die letzten beiden Gösser aus dem Eis.

„Was halten Sie eigentlich davon? Is da was dran? Theoretisch?“ sage ich so beiläufig wie möglich.

„Wird sich weisen“, sagt Brunner.

So viel ich weiß, hatte er immer schon einen wahnsinnigen Mörder im Auge, der im Blutrausch wahllos junge Männer schlachtet und sich deren Herz als Souvenir mit nach Hause nimmt. Einen Kranken wie Freund Elmore aus Tulsa, Oklahoma.

„Mein Mörder und ihr Mörder, Herr Doktor, könnten theoretisch ein und dieselbe Person sein. Und die Tomschik ist das Zünglein an der Waage, wann Sie wissen, was ich mein.“

Skociks Rückkehr hindert mich daran zu wissen, was Brunner meint.

„Was is das genau für ein Verein, diese *AAS*?“ unterbricht er den trägen Fluß meiner Gedanken.

„Was Amerikanisches“, sage ich.

Donna dürfte die beiden Ermittler mit einer Softsexversion ihrer Arbeit als Werbeträgerin abgespeist und Skocik auch keine Privatvorführung ihrer Videokollektion angetragen haben.

„Das weiß ich selber. Und daß die keine Brieftauben züchten, weiß ich auch. Was passiert da morgen? Wettwixen? Rudelpudern?“

„Was weiß ich“, sage ich. „Sie haben eine Einladung. Ich hab keine gekriegt.“

„Was heißt das überhaupt: A-A-S?“

„Astaroth Appreciation Society“, antwortet der Trainer an meiner statt. Er stürmt in die Küche und marschiert wie ferngesteuert zum Eiskasten.

„Das is englisch“, sage ich zu Skocik.

„Wie *Ya te vas a enterar*. Ich weiß“, sagt er und lächelt böse.

Der Trainer steht vor dem leeren Kühlschrank, einen verbitterten Zug um den Mund. „Super, Kurtl“, sagt er. „Du bist heut wirklich eine große Hilfe.“

„Ich hol dann ein paar Bier vom *Billa*“, sage ich, aber da ist er bereits wieder unterwegs ins Arbeitszimmer.

„In Österreich is der Verein nicht gemeldet. Und Firma is das auch keine“, verbeißt sich Skocik weiter in die *AAS*. „Wieso ladet etwas, das es bei uns garned gibt, seine Mitglieder zu einer Party in eine abgetakelte Blashütten ein und macht dort eine Modenschau?“

„Noch einmal, Skocik: Ich weiß es nicht! Warum fragen Sie nicht die Person, die Ihnen die Scheißliste gegeben hat? Fragen S' die Tomschik!“ sage ich und wachle mir mit den beiden Zetteln ein bißl Frischluft zu.

„Die Tomschik hat uns die Liste nicht gerade aufgedrängt, Herr Doktor“, sagt Brunner. „Sie hat daran gearbeitet, als wir ihr die traurige Nachricht vom Tod des Stefan Behrens hinterbracht haben. Und weil sie gar so zurückhaltend reagiert hat, als sie der Kollege über die Namen auf der Liste befragt hat, sind ihm die beiden Blatt Papier beim Gehen sozusagen in die Tasche gerutscht. Nicht ganz vorschriftsmäßig, sein Vorgehen, aber tolerierbar.“

„Weil die Tomschik lügt, wann sie nur den Mund aufmacht“, sagt Skocik, nimmt mir die Zetteln aus der Hand und hält sie wie eine Jagdtrophäe hoch. „Und Sie sollten das nicht machen, Herr Ostbahn. Im eigenen Interesse.“

„Soviel ich weiß“, sage ich, „ist das ein Club für Freunde

von bizarrer Mode und Köperschmuck. Eine Minderheit, die von der breiten Bevölkerung eher belächelt wird und deshalb lieber im Verborgenen seinen Hobbies frönt. Zu meiner Zeit waren das die Nudisten. Freikörperkultur. Hirscheninsel. Sonnenfreunde. Das werden Sie nicht mehr wissen, Skocik, weil S' zu jung sind. Und heutzutage sind das halt Leut mit Peckerln, Flinserln und sonstigen Verzierungen da und dort."

„Alles Warme", wärmt Skocik seine Lieblingsthese auf und nickt zufrieden.

„Ist das meine Theorie?" wende ich mich hilfesuchend an Brunner.

Der schmunzelt nur und trinkt sein Bier.

„Ihre Theorie? Die is nicht einmal so blöd", attestiert mir Skocik. „Also mir persönlich reißt die Tomschik, der Trampel, nix auße. Aber ich kann mir schon vorstellen, daß so ein halbwarmes Bürscherl für sie zum Kuchelmesser greift."

„Der Wickerl", sage ich vor mich hin und habe das dumpfe Gefühl, diesen Dialog heute schon einmal geführt zu haben. Nur mit etwas anderen Worten.

„Der Wickerl is tot", sagt Skocik.

„Also kann er nicht der Mörder sein", setze ich fort.

„Aber die Tomschik hat nicht nur einen Wickerl, sondern einen ganzen Stall von Wickerln", betet mir Skocik nach, was ich so nie gesagt habe, aber anscheinend in der Mörderspielgruppe als meine Theorie kolporiert wird.

„Und da ist einer drunter, der partout nicht einsehen will, daß er sein Herzblatt mit den andern teilen soll."

„Ihre Theorie", meldet sich Brunner.

„Im Grunde: Ja", muß ich zugeben.

„Gefällt mir insofern immer besser", sagt Brunner, „als sie den weißen Citröen erklärt, der bei ihrem ersten Liebhaber, dem Auer, noch ein beiger oder weißer PKW war.

Am Samstag ist er bereits als weißer Citröen eurem Convoy gefolgt, also auch dem Stefan Behrens, mit dem die Tomschik ebenfalls nicht nur geschäftlich verbunden war. Und am Sonntag Nachmittag wurde ein weißer Citröen am Parkplatz der Pension *Gloriette* gesehen. Vom Tagportier. Zirka zwei Stunden, bevor der Behrens ausgecheckt hat und am Parkplatz umgebracht und in seinen Kofferraum gepackt wurde."

„Wann das nicht zufällig ein ganz anderer weißer Citröen war, der Ihnen heute von der Tomschik-Wohnung in die Reindorfgasse nachgefahren is, dann schaut's schlecht aus, Herr Ostbahn", sagt Skocik, der die meisten Menschen erst dann mag, wenn sie tot sind. Aber dann auch nicht so wirklich, weil sie ihm als Leiche nur viel Arbeit machen.

„Großartig", sage ich.

Brunner hat sein zweites Gösser geleert, und das bringt ihn auf eine brilliante Idee.

„Also wann Sie noch ein Bier holen wollen, Herr Doktor", sagt er, „dann begleit ich Sie hinunter zum *Billa*."

31

Es ist haarsträubend.

Da macht man einen Sprung zum *Billa*, und wenn man wiederkommt, liegen die ohnedies erbärmlichen Reste deines Privatlebens in Schutt und Asche.

Trainer und Trash haben, garantiert aufgehetzt von Menschenfeind Skocik, am Computer eine pervertierte Version meiner Theorie durchgespielt und präsentieren nun den Tathergang, Motiv und Täter.

Das hört sich zu Beginn noch recht harmlos, weil für den Laien völlig unverständlich an, und die vielen Namen, Stichworte und grafischen Symbole in den vielen netten

Farben sehen zirka so gefährlich aus wie die High-Tech-Ausgabe des Pflanzenbestimmungsbuches meiner Schulzeit, aber schon bald nach der trockenen Einführung in die Logistik des Spieles beschleicht mich das kalte Grausen.

Von den drei Leichen, Wickerl, Rudi und Steve (die am Bildschirm hinter ihren Namen niedliche Dolche als Symbol für ihr unfreiwilliges Ableben tragen; Wickerl und Steve zusätzlich ein rotes Spielkartenherz als Hinweis auf die Spezialität des Schlächters), führt eine Vielzahl von bunten Verweisen zu sämtlichen uns bekannten Personen, Gruppen, Firmen und Vereinen, mit denen die Opfer Kontakt hatten.

Da gibt es eine *Media Sales*-Connection, eine besonders dicke Donna-Connection, eine *AAS*-Connection usw., die ihrerseits wiederum durch Querverweise und Stichworte (z.B. „Weißer Citröen“, „Whitney Houston“, *Rallye*) miteinander in Zusammenhang gebracht werden können.

Wenn sich nun jemand in diesen Datendschungel begibt, um den potentiellen Mörder aufzuspüren, aber gleichzeitig und vor allem meinem desolaten Seelenleben einen weiteren Tiefschlag versetzen will, dann kommt er über viele bunte Connections natürlich auch auf Marlene und ihren psychisch ramponierten Zwillingssohn Gilbert Levy.

Und ich kann garnix tun, als noch ein Bier zu trinken und mir die mit garantiert unhaltbaren Vermutungen zusammengekleisterten Daten aus dem Dschungelbuch anzuhören:

Der schöne Gily, Elfi Tomschiks Dream-Lover, kommt also heute vor einer Woche aus LA und bringt seiner Liebsten als Gastgeschenk die Videos ihrer gemeinsamen *AAS*-Performance mit. Die Wiedersehensfeier des jungen Paares wird gestört durch den unangemeldeten Auftritt von Wickerl Auer, dem Ex-Lover und Langzeit-Flocki der herrischen Donna. Er bricht einen Streit mit Gily vom Zaun und fladert dem eingerauchten und liebestrunkenen Paar sechs Video-Cassetten.

Auf den Bändern, die ausschließlich für den Privatgebrauch der *AAS*-Gemeinde bestimmt sind, sieht man unter anderem den amerikanischen Serienstar Kelly Nichols, sowie Donna Tomschik und Gilbert Levy bei sexuellen Kampfsportübungen, die den von Eifersucht, Rachegelüsten, Geldgier und Drogenmißbrauch verwirrten Geist des Ludwig Auer auf eine fiese Idee bringen:

Die Regenbogen-Presse läßt für solche auf Videoband dokumentierten Ausschweifungen der Schönen und Reichen fürstliche Honorare springen.

Aber: das wirklich große Geld ist bei denen zu holen, die um ihr blütenreines Image, ihren guten Ruf und Namen fürchten müssen, wenn die finsteren sexuellen Praktiken ihrer Liebsten und Anverwandten in die Schlagzeilen geraten.

Der Herr Stadtbaumeister Dipl.Ing. Hans Tomschik, zum Beispiel, der dann mit den Ausbesserungsarbeiten an der Fassade seiner Musterfamilie so viel zu tun hätte, daß die Renovierung der Fassaden von Wiener Jugendstilhäusern, deren Revitalisierung sein täglich Brot bedeutet, arg darunter leiden würde;

oder der väterliche Freund von Kelly Nichols, der als Förderer der schönen Künste und Besitzer einer kalifornischen Autowaschanlagen-Kette sein Saubermann-Image für immer los wäre;

und in erster Linie der Levy-Thompson-Clan, dem ein mißratener, perverser Stiefsohn und Zwillingsbruder sowohl massiv ins weltweite Hotelgeschäft pfuschen würde, als auch in Schwester Sarahs keim- und sündenfreie Model-Karriere.

Um das zu verhindern, schmieden Donna und der ihr in Liebe ergebene Gily einen teuflischen Plan: Sie nimmt

Kontakt mit dem Wickerl auf, horcht ihn über seine videomäßigen Absichten aus und vereinbart ein Treffen unter vier Augen.

Nachdem sie sich versichert hat, daß er mit seinen anderen Geschäften (der Finalisierung des *Media Sales*-Coups zum Beispiel) so sehr ausgelastet ist, daß er in den nächsten Tagen erpressungstechnisch nichts unternehmen wird, stellt sie für dieses Rendezvous die große Versöhnung in Aussicht, jede Menge Sex und sonst noch so einiges, das dem Wickerl das Wasser im Mund zusammenlaufen läßt.

Als Termin wird der Mittwochabend vereinbart, als Treffpunkt ein Ort in der Nähe von Wickerls Stammlokal, dem *Rallye*.

Der Wickerl ist an diesem Abend nicht gut drauf. Es gibt Wickeln mit seinen falschen Whitneys. Und er ist hin- und hergerissen zwischen seiner hündischen Liebe zu Donna und seiner Sehnsucht nach dem ganz großen Geld.

Also sauft er sich im *Rallye* nieder, riskiert im Rausch einen Streit mit seinem einzigen Freund, dem Rudi, und kriegt von dem zu guter letzt auch noch eine mit der Bierflasche verpaßt.

Das Rendezvous mit Donna hat er längst vergessen, als er schwerst angeschlagen das *Rallye* verläßt.

Aber seine Mörder warten. Im weißen Miet-Citröen. Als sie den Wickerl die Sechshauser Straße entlangtaumeln sehen, läßt Donna ihren Gily, den sie mit viel Liebe und Drogen scharf gemacht hat, von der Leine.

Und der erledigt seinen Auftrag noch gründlicher als erwartet. Er schneidet dem Wickerl nicht nur die Kehle durch, sondern gleich auch das Herz aus der Brust, ein Tötungsritual, mit dem sich die kolumbianische Drogenmafia bei unseriösen Geschäftspartnern zu bedanken pflegt und das sich auch beim Serien-Killer nordamerikanischer Prägung größter Beliebtheit erfreut.

Peinigers zu Füßen. Donna wären sechs Video-Cassetten entschieden lieber gewesen. Doch die liegen im *Rallye*, dem Ort, an dem der Wickerl stets alle seine Schätze zu vergraben pflegte.

Und dort ticken sie leise vor sich hin. Eine Zeitbombe, die nicht in die falschen Hände geraten darf, denn sonst wäre der ganze Aufwand umsonst gewesen.

Der Adrenalinstoß verebbt, und Gily beschleichen erste Zweifel, Angst und Depression.

Gottseidank ist Donnerstag, und Donna kann den auf eine nächste schwere Krise zusteuernden Knaben in die Obhut seiner Mutter Marlene entlassen, die aus Quebec eingetroffen ist, um in Wien alte Uhren einzukaufen und ein paar Tage mit ihrem Sohn zu verbringen.

Mutter Thompson hat es nicht leicht gehabt im Leben, Schicksalsschläge und eheliche Turbulenzen pflasterten ihren Weg bis zu jenem Tag, als sie den stinkreichen und altersschwachen Hotel-Milliardär David Thompson in den Hafen der Ehe lotsen konnte. Jetzt hält sie späte Ernte, und die will sie sich von ihrem mißratenen Balg aus erster Ehe, den es nie in ihre mütterlichen Arme gezogen hat, sondern stets in die vergiftete Einflußsphäre ihres zweiten Gatten Claude Levy, nicht verderben lassen.

Also wird Gilbert in seiner Suite im *Palace* ruhiggestellt, und Marlene nimmt die Beschaffung der belastenden *AAS*-Tapes selbst in die Hand.

Im *Rallye* wird sie Zeugin einer Unterhaltung zwischen dem Wirt und seinem Stammgast Kurt, in der vom toten Wickerl, seinem speckigen Lederjanker und dubiosen Platten und Videos die Rede ist.

Der attraktiven Lady aus dem fernen Kanada kostet es keine Mühe, die Aufmerksamkeit des bereits leicht illuminierten und von allem Weiblichen leicht zu beeindruckenden Kurt auf sich zu ziehen und dem Abend zu später

Stunde jede gewünschte Wendung zu geben. Ihr Charme bewirkt sogar Wunder: Unser Kurt lädt die Dame von Welt in seine kärgliche Behausung, was ihm ein unvorstellbares Maß an Selbstüberwindung gekostet haben muß.

Im Zuge einer stürmischen Liebesnacht vergißt der diesbezüglich nicht gerade verwöhnte Gastgeber alle seine guten Vorsätze und flüstert Marlene so manches Geheimnis ins Ohr, nicht aber den derzeitigen Aufenthaltsort der *AAS*-Cassetten.

Als er wieder zu sich kommt, sind Zimmer und Küche sorgfältig durchsucht, und die Schöne der Nacht ist verschwunden.

Möglich (aber nicht sehr wahrscheinlich), daß sich Marlene tatsächlich in unseren Kurt verliebt hat und ihn deshalb tags darauf in ihren Ring-Palast entführt.

Viel eher ist anzunehmen, daß sie einen zweiten und letzten Versuch startet, über ihre Kaffeehausbekanntschaft an die Bänder heranzukommen. Daß der Kurt auch in den vielen Stunden, die er in Marlenes *Palace*-Suite verbringt, mit der Wahrheit hinterm Berg halten kann, darf bezweifelt werden, spielt aber für den weiteren Verlauf der Ereignisse keine entscheidende Rolle.

Freitag abend hat nämlich der „Schlächter von Sechshaus" in den Medien seinen zweiten großen Auftritt: Im Schuppen hinter dem *Rallye* wurde am Nachmittag der Rudi ermordet und der Herr Josef schwer verletzt.

Daß der zweite Mord auf das Konto des deutschen Profis Ulrich Höhne geht und sozusagen ein Betriebsunfall bei der Wiederbeschaffung der Bananenkisten ist, stellt sich erst zwei Tage später heraus, nachdem sein Komplize Eduard Jerabek gesungen hat.

Für Donna ist der Mord im *Rallye*-Schuppen das Kamikaze-Unternehmen eines völlig durchgedrehten Gily. Und da hört es sich bei ihr mit der großen Liebe auf.

Irgendwann zwischen Freitagnacht und Samstagmittag gibt sie ihm das auch unmißverständlich zu verstehen. Worauf der trübsinnige Knabe in abgrundtiefe Schwermut verfällt. Er hat für sie aus Liebe gemordet, und nun storniert Donna ihre Liebe wegen eines Mordes, den er gar nicht begangen hat.

Am späten Nachmittag – unser Kurt wurde verabschiedet und ist auf dem Weg ins traute Eigenheim - kommt es im *Palace* zu einer folgenschweren Auseinandersetzung zwischen Marlene und Gilbert: Sie fühlt sich als Mutter von zwei Morden – auch sie weiß es ja nicht besser – schlicht überfordert und ordnet die sofortige Flucht nach Paris an. Gilbert kann sich ihr ebensowenig erklären wie zuvor seiner geliebten Donna und entscheidet sich für die Flucht aus Marlenes mütterlichem Klammergriff.

Während Marlene die Nachtmaschine nach Paris besteigt, irrt Gily durch das nächtliche Wien. Und seine Verzweiflung treibt ihn schließlich in die Berufsschule Längenfeldgasse, wo er hofft, Donna nach ihrem Konzert doch noch zurückzugewinnen.

Doch dort muß er mitansehen, wie seine Herzensdame zuerst einen Dichter, der ihr in Sonetten seine glühende Liebe gesteht, mit Arschtritt aus der Garderobe befördert, um kurz darauf dem A&R-Manager ihrer Plattenfirma die Nase zu pudern und den Schwanz zu lutschen.

Gily zieht sich diskret und unbemerkt zurück. Er wartet in seinem weißen Miet-Citröen, bis die kleine Gruppe um Donna und Steve vom Schauplatz seines Desasters aufbricht und folgt ihr unauffällig.

Gily wartet bis halb zwei in Blicknähe des *Quell* und folgt dann Turbos Leichenwagen, der Donna und Steve in die Florianigasse bringt. Gily wartet vor Donnas Haus bis fünf Uhr früh und folgt dem Taxi, das Steve zur Pension *Gloriette* chauffiert.

Gily wartet.

Und läuft dabei ganz leise Amok.

Als Steve am Nachmittag schließlich die Pension verläßt, um zum Flughafen zu fahren, wird das Problem genauso erledigt, wie das Problem Wickerl vier Tage zuvor.

Und das Herz, das nicht mehr schlägt, ist für Donna.

Aber die will es nicht.

Denn als Gily Sonntag abends in der Florianigasse vorfährt, kommt er wiederum zu spät. Da steigt eben ein Typ aus dem Taxi, den er bereits während seines gestrigen Desasters in der Berufsschulgarderobe gesehen hat und der nun, mit einem *Billa*-Sack in der Hand, vor dem Haustor steht, über die Gegensprechanlage mit Donna redet und dann im Haus verschwindet.

Und Gily wartet. Und läuft weiter Amok. Ganz leise.

Und er folgt dem Taxi, das den Kurt um halb fünf von Donnas Haus in die Reindorfgasse bringt.

Und während Gilbert Levy in Wien damit beschäftigt ist, alle Männer zu töten, die zwischen ihm und Donna stehen, gibt seine Zwillingsschwester Sarah in Paris ihr Debut als Schauspielerin.

Sie glänzt, an der Seite von Mutter Marlene, in einer Hosenrolle.

Als ihr schöner, trauriger Bruder Gily.

32

Hirnrissig. Schwachsinnig. Grenzdebil.

Dann fehlen mir die Worte.

„Man sollte sich bei der Beurteilung einer solchen These nicht von persönlichen Gefühlen leiten lassen“, sagt der Doc ganz kühl. Er hat sein schwarzes Herz in den letzten Stunden endgültig an den Computer verloren.

„Die Wahrheit und die Frauen“, läßt Skocik mit einem süffisanten Lächeln ein bißchen Lebensweisheit hören, „sind oft grausamer, als ein Mann es ertragen kann.“

Der Trainer hat dem im Moment nichts Tiefschürfendes hinzuzufügen. Sein Glück. Ein falsches Wort, und ich hätte ihm auf der Stelle die Freundschaft entzogen. Auf Lebenszeit. Mindestens.

Auf Brunner scheint die Mutation von Gilbert Levy zum „Schlächter von Sechshaus“ keinen sonderlichen Eindruck zu machen. Er hält sein Bier in der Hand und die Augen geschlossen.

Das ändert sich schlagartig, als er am Telefon verlangt wird. Das Büro ist dran, eine Frau Horvath.

Er hört kurz zu, sagt „Danke, Sabine“, legt den Hörer auf und ist plötzlich putzmunter.

„Du bleibst da dran“, sagt er zu Skocik in einem Ton, der keine Widerrede duldet, und deutet auf den Monitor, auf dem zur Schonung des Bildschirms soeben das Raumschiff „Enterprise“ zur Erforschung fremder Galaxien aufbricht. „Passagierlisten Wien – Paris. *Palace*-Hotel Wien – Paris. Aber gleich. Weil es brennt der Hut.“

Skocik will was sicherlich Bedeutungsvolles einwenden, aber Brunner winkt kategorisch ab und zieht mich von Doktor Trash’s Ohrensessel hoch.

„Und wir zwei, Herr Doktor, machen einen Krankenbesuch.“

„Ich?“ sage ich.

„Oder gfallt’s Ihnen da so gut?“ sagt Brunner und schiebt mich aus dem Arbeitszimmer. „Na also.“

33

Sie wollte gerade die Wohnung verlassen und ins *Belle de Jour* fahren, um mit dem Geschäftsführer die gastronomischen Fragen der morgigen *AAS*-Party zu diskutieren, als ihr der weiße Briefumschlag am Fußboden auffiel. Jemand muß ihn durch den Briefschlitz eingeworfen haben, nachdem Brunner und Skocik gegangen waren.

Elfi öffnete den Umschlag, warf einen neugierigen Blick auf die zu A4-Format vergrößerte Farbkopie eines Polaroid-Fotos – und sieht seit diesem Augenblick aus wie ein Häufchen Elend.

Sie ist fast so grau im Gesicht wie der Zenobit auf ihrem „Hellraiser"-Sweater, eine Filmtrilogie, über die Trainer und Trash in glücklicheren Tagen viel Schönes zu berichten wußten.

Jetzt wischt sie sich die Tränen aus dem Gesicht, verteilt dabei die donnamäßig dick aufgetragene Augenbemalung gleichmäßig über beide Wangen und zeigt angewidert auf das Blatt Papier.

„Ich hab doch keinem was getan", sagt sie mit kleiner dünner Stimme und zieht den Rotz auf.

Der Grund ihres Zusammenbruchs liegt auf dem Bord neben dem Telefon.

Der anonyme Künstler hatte wohl die Obst- und Gemüsegesichter dieses alten italienischen Meisters (*Arcimboldo, Anm. d. Trainers*) im Sinne, als er seine Collage, Skulptur oder Plastik schuf und das Werk dann auf Polaroid verewigte.

Sein Porträt besteht allerdings nicht aus Salatgurken, Paradeisern, Bramburi und Frischobst der Saison. Seine Materialien sind eine schwarze Ledermaske mit Reißverschlüssen an Mund und Augen, ein Paar stählerner Handschellen, das wie Brillen über den geschlossenen Zippverschlußaugen drapiert ist, und ein mit Nieten besetztes Lederfutteral in Zigarrenform, das die Nase markiert. An organischen Stoffen verwendete der Künstler zum einen Sperma, das zwischen den Metallzähnen des Maskenmundes hervorquillt, und die Herzen von Wickerl und Steve. Sie fanden als Pausbäckchen Verwendung und geben dem ansonsten eher düsteren Porträt eine seltsam kranke Frische.

Keine Signatur. Keine Widmung.

Brunner nickt und schweigt.

„Was is das eigentlich, dieses Nasen-Ding?" frage ich, um mich von den zwei toten Herzen abzulenken.

„Eine Manschette", sagt Elfi. „Eine Penis-Manschette."

„Und wozu braucht man sowas?"

„Zur Schwanzdressur, Herr Doktor", klärt mich Brunner auf. „Unser Mann ist vom Fach. Und er is reif. Wie ein eitriges Wimmerl."

„Aber warum schickt der mir so etwas Grausliches? Ich hab ihm doch nix getan. Ich kenn ihn doch gar nicht", sagt Elfi und fängt wieder an zu heulen.

„Eine Visitkarte. Ein Selbstporträt. Eine Liebesgabe", sagt Brunner, faltet den Zettel zusammen und steckt ihn in die Tasche. „Er kennt sie, Frau Tomschik, und Sie kennen ihn. Aber Sie haben keine Ahnung, was sich in seinem kranken Hirn abspielt."

Elfi schüttelt den Kopf, schnieft eine Entschuldigung und verschwindet im Bad.

„Der Gily?"sage ich mehr zu mir als zu Brunner.

„Schmarrn", sagt der Krimineser. „Die Herren Kollegen haben in ihrem Übereifer auf dem Blechtrottel zwar das richtige Stückl gespielt, aber leider mit der falschen Besetzung."

Aber Elfi müßte eigentlich wissen, wen Donna in letzter Zeit von der Bettkante gestoßen hat. Eine Liste mit den

Namen würde genügen, und Brunner und sein Team könnten sich den heraussuchen, der einen weißen Citröen fährt, Kunde von Fürst Astaroths Sexartikel-Versand ist, für die Tatzeit kein Alibi hat und das Schlächterhandwerk beherrscht.

Im Grunde ganz einfach. Ein Routinejob.

Brunner sieht das anders.

„Unser Mann funktioniert nicht wie Sie und ich, Herr Doktor", sagt er, „Der hat seine eigene Mechanik. Vielleicht is die Tomschik der gefallene Engel, den er vor dem ewigen Höllenfeuer bewahren muß, indem er alle ihre Liebhaber exekutiert. Oder er hat die fixe Idee, sich die Zuwendung seiner Liebesgöttin durchs Leut-Umbringen hart erarbeiten zu müssen, und das nette Brieferl heute war so eine Art Arbeitsbericht. Bin ich schon reif für Deine Liebe, oder soll ich noch weitermachen? Verstehen S', was ich meine?"

Ich verstehe jedes Wort.

„Großartig", sage ich und sehe mich tot und herzlos im Stiegenhaus neben den Mountainbikes meiner Nachbarn, weil Donnas Alptraum von einem Lover meine Pumpe ganz dringend für seine nächste Skulptur benötigt.

„Egal, was genau in seinem Schädel vorgeht, ich glaub, wie gesagt, er is jetzt reif. Kurz vorm Aufplatzen. Er killt nicht mehr still und leise, er sucht den Kontakt zu seiner Angebeteten. Er will eine Antwort. Er will von der Frau, für die er lebt und andere umbringt, belohnt werden. Oder bestraft, was sich in dem Fall auf dasselbe hinausläuft."

„Und wenn er von ihr nicht kriegt, was er will?" frage ich.

„Da gibt's viele Möglichkeiten, eine unerfreulicher als die andere. Aber ich rechne jetzt, nach seiner Botschaft, eigentlich fest damit, daß wir ihn morgen persönlich kennenlernen werden. Wenn er mit der Tomschik ihrem Sex-Club

auf dieser Party sein. Das is seine große Chance, der Göttlichen näherzukommen."

Elfi kommt aus dem Bad. Sie hat sich etwas beruhigt, das Donna-Make-up restauriert und versucht sogar ein Lächeln.

„Ich weiß nicht, ob ich jetzt allein ins *Belle de Jour* fahren soll. Vielleicht könnten Sie mich begleiten", sagt sie zu Brunner.

„Sie fahren heut nirgendwohin, Frau Tomschik", sagt Brunner. „Weder allein, noch in Herrenbegleitung."

„Das geht aber nicht. Ich muß noch tausend Dinge erledigen und außerdem ..."

„Jetzt passiert Folgendes", fällt ihr Brunner ins Wort. „Ich stell Ihnen zwei Beamte vor die Haustür. Sicher is sicher. Und Sie rühren sich aus der Wohnung erst wieder raus, wann ich Sie anruf. Das gilt übrigens auch für Sie, Herr Doktor."

„Momenterl", sage ich. „Heißt das, daß ich jetzt bis zum Sankt Nimmerleinstag bei der Frau Tomschik auf Untermiete bin?"

„Wir können das ganze Theater auch bei Ihnen in der Reindorfgasse veranstalten. Aber dort is es nicht so gemütlich und ein bißl eng zu zweit", sagt Brunner grantig.

„Wenn der Kurtl nicht will, wieso kann er dann nicht heimfahren und Sie stellen ihm auch zwei Polizisten vor die Tür?" fragt Elfi.

„Personalmangel", wischt Brunner das Thema vom Tisch.

Ich hab den Verdacht, das ist nicht die ganze Wahrheit, und Brunner liegt neben unserem Schutz noch was ganz anderes am Herzen. Wie es auch garantiert nicht nur eine seiner plötzlichen Launen war, mich auf diesen „Krankenbesuch" mitzunehmen.

„Okay", sage ich, „ich bleibe, und die Frau Tomschik

und ich machen uns heut nacht eine Batzen Hetz. Aber was is morgen?"

„Da schick ich euch ein Taxi, und das bringt euch in das Lokal in der Stadt. Und dann steigt dort eine Party. Geschlossene Gesellschaft. Nur geladene Gäste. Und ein paar Damen und Herren, die ich mitbringen werd und die dafür sorgen, daß euch nix passiert."

„Das is doch nicht Ihr Ernst?" sagt Elfi. „Eine *AAS*-Party mit Polizeischutz."

„Das is mein voller Ernst, Gnädigste", wird Brunner laut, „weil ich nämlich für Ihre Sicherheit verantwortlich bin. Und für die Sicherheit vom Herrn Doktor. Und weil sie beide ein ziemlich großes Problem haben, falls Ihnen das noch nicht aufgefallen ist: Da rennt einer durch Wien und überlegt sich, wen er als nächstes umbringen soll: Sie, Herr Doktor, oder Sie, Frau Tomschik. Oder vielleicht alle beide."

Mit der Order, das Telefon, wenn's leicht geht, nicht durch stundenlange Gespräche zu blockieren, marschiert Brunner zur Tür. Er hat noch allerhand zu tun. Die Installierung einer Falle, die den Schlächter von Sechshaus dingfest machen soll, bedarf einer sorgfältigen Planung.

„Und ich bin dabei nicht zufällig der Lockvogel?" frage ich Brunner in der Tür.

„Alles was passiert, Herr Doktor, passiert nur zu Ihrer Sicherheit", sagt er, „Künstler sind oft kopflos und unberechenbar. Und bevor Sie sich durch irgendeine spontane Aktion, deren Konsequenzen Sie gar nicht abschätzen können, in Gefahr begeben, hab ich Sie lieber in meiner Nähe."

„Verstehe", sage ich.

„Wir bleiben in Verbindung", sagt Brunner und küßt der Dame des Hauses zum Abschied die Hand.

„Unbedingt", sage ich.

34

Elfi macht Spaghetti. Ich mach den Wein auf. Und nach dem ersten Achtel einigen wir uns darauf, daß ein Leben in Lebensgefahr auch seine angenehmen Seiten haben kann.

Unten vorm Haus wachen zwei Fachleute über unser Wohlergehen, Brunner und der Schlächter sind mit ihren eigenen Problemen beschäftigt und lassen uns in Frieden, und Donna hat heute Ausgang (oder kiefelt an ihrer fatalen Männerpolitik), also können sich Elfi und ich völlig ungestört im Speisesektor des Wohnparks an Nudeln al dente, Sugo aus der Dose und einer Flasche wohltemperierten Chianti delektieren.

Das Tischgespräch ist auch nicht ohne.

„Du kannst gern fernsehen, oder Platten hören oder dich in die Badewanne legen", sagt Elfi.

„Super", sage ich.

„Schon komisch", sagt Elfi dann nach einem Schluck Wein.

„Was?"

„Nix. Nicht so wichtig."

„Sag."

„Daß du da bist."

„Schicksal."

„Meinst?"

„Weiß nicht."

„Ich find's angenehm."

„Detto."

„Ich hab mir dich ja ganz anders vorgestellt. Viel fertiger. Und nicht so nett."

Ich gebe Elfi, der Netten, das Kompliment zurück und wechsle rasch, sozusagen aus Gründen der inneren Sicherheit, auf neutrales Terrain.

„Was macht die *AAS* eigentlich in einem Animierlokal?

Ich persönlich hätt mir vom Fürsten Astaroth einen originelleren Partyraum erwartet. Die Kapuzinergruft zumindest. Oder ein Bierzelt am Friedhof der Namenlosen."

„Du bist nicht am Laufenden", lacht Elfi, „Provokation und Blasphemie passen nicht ins neue Marketingkonzept. Die *AAS* expandiert, erschließt neue Märkte und Käuferschichten. Und die Kundschaft der Zukunft will ihren Gummischwanz und ihr Leder-Outfit für den strengen Abend zu zweit, aber von den Mächten der Finsternis will sie nix wissen."

Das ist der Weg aller Dinge. Da hat einer eine Vision, kämpft mit einer Handvoll Jünger und Getreuen jahrelang ums nackte Überleben, und wenn das Ding dann endlich greift, ist es nach einer starken Saison reif fürs Familienprogramm. Glattgebügelt, eingeebnet, ausgelutscht.

Die *AAS* steht vor dem Ausverkauf. Astaroth und Behemoth sollten sich schleunigst nach neuen Botschaftern umschauen. Vielleicht haben sie das aber auch schon längst getan, und unser Mann, der Schlächter von Sechshaus, schnetzelt Donnas Lover in ihrem Auftrag? Brunner sollte morgen nicht vergessen, ihn danach zu fragen.

„Die Thanksgiving-Party findet heuer zum Beispiel erstmals in Las Vegas statt", plaudert Elfi, „im Veranstaltungssaal irgendeines Monsterhotels mit angeschlossenem Casino. Da wird's ungefähr so hart hergehen wie am Maturaball. Irgendwie schade. Aber andererseits: so wirklich Bock auf sowas wie letztes Jahr hab ich sowieso nicht, nachdem was in den letzten Tagen alles passiert ist."

„Und die Party morgen? Worauf darf man sich freuen?"

„Vergiß es. War nicht meine Idee. Das gehört auch zum neuen Marketingplan und findet überall in Europa statt, wo die *AAS* mehr als 25 Kunden hat. Den Abonnenten der News und allen Kunden, die im letzten Jahr brav aus dem Katalog bestellt haben, wird bei Speis und Trank die neue

Kollektion vorgeführt. Apropos: Der Jungbulle, der mir immer unter den Rock schaut, hat heute meine Einladungsliste mitgehen lassen. Er hat sich dabei so patschert angestellt, daß es ein Blinder merken hätt müssen, aber ich hab besser nix gsagt."

Mit Bewachern vom Kaliber eines Skocik kann man so richtig beruhigt dem morgigen Abend entgegenblicken.

Ich behalte die in mir aufkeimende Panik lieber für mich. Sollte dieser Abend der letzte in Elfis kurzem Leben sein, dann hat sie es sich verdient, finde ich, ihn so gemütlich und sorgenfrei wie möglich zu verbringen.

Sie hat Lust auf eine Dokumentation über das Leben einer Pandabärenfamilie im Schweizer Fernsehen. Ich entscheide mich für eine Stunde in der Wanne. Als Untermieter einer Duschkabine, der den Luxus eines Wannenbades nur von den Sonnentagen seines Tourneelebens kennt, lasse ich mir diese rare Gelegenheit natürlich nicht entgehen.

Als ich bis zum Kinn in zart duftendem Schaum versinke, und mir ganz fest vornehme, Brunner für seine famose Idee in mein heutiges Nachtgebet einzuschließen, fallen mir prompt die Augen zu. Schöne Bilder von Marlene ziehen durch meinen Kopf, musikalisch begleitet von Willie Nelsons ewigen Melodien. Aber nach und nach schleichen sich häßlich sägende Mißtöne aus dem Repertoire von „Mom & Dead" ein, Willie und Marlene halten sich eine Zeitlang wacker, ziehen aber schließlich in einem himmelblauen 57er-Chevy ab, in Richtung mexikanische Grenze, und alle Abscheulichkeiten der letzten Tage formieren sich zu einem Veitstanz durch meine Birne. Die sozusagen unwichtigen und bereits abgefrühstückten Monströsitäten verschwinden nach einem kurzen Solo vom Tanzboden, und am Ende bleibt nur noch ein Pärchen übrig: Elfi „Donna" Tomschik und der Schlächter von Sechshaus.

Sie legen einen fulminanten Linkswalzer aufs Parkett, einen schneidigen Tango, aber beim anschließenden Slow Fox kommt der Herr der Dame wohl zu nah, und sie läßt ihn ganz einfach stehen.

Ich kenne den jungen Mann, der auch im Frack ein gute Figur macht. Ich weiß, daß er einen weißen Citröen fährt, im Mörderspiel von Trainer und Trash nur mit einer kleinen Nebenrolle bedacht wurde und Donna auch sein Herz zu Füßen legte, wenn ihn das nicht daran hindern würde, den Nebenbuhlern die Herzen aus der Brust zu schneiden.

Ich weiß, wer mir seit vergangenen Mittwoch den Urlaub versaut, und daß ich ihm das morgen auf der *AAS*-Party auch in aller Deutlichkeit sagen werde. Den Rest können dann Brunner und Skocik erledigen

Und noch was weiß ich, als ich wie neugeboren aus der Wanne steige: Wenn ich die Party überlebe, suche ich mir umgehend eine neue Wohnung. Zimmer, Küche, Kabinett. Und Bad.

Mit Wanne.

35

Ich habe die Plüschloge mit Blick auf das Entree ganz für mich allein und von Brunner den Auftrag, sofort und möglichst unauffällig Meldung zu machen, wenn *er* das *Belle de Jour* betritt.

Das Lokal ist winzig, vollgeräumt mit falschem Gold und rotem Plüsch, verfügt über eine gut sortierte Bar, eine Tanzfläche von der Größe eines Bettvorlegers, und für die diskrete Konversation unter vier Augen stehen drei Séparées zur Verfügung. Die sind, soweit ich das in dem roten Halbdunkel ausnehmen kann, schlicht aber funktionell mit einem Diwan und einem Waschbecken möbliert.

Das *Belle de Jour* ist ein Animierschuppen alter Schule und kann mit den koksbetriebenen Bedürfnisanstalten unserer Tage nicht mithalten. Die Damen, die hier für gewöhnlich Dienst schieben, sind – wie das die Aufschrift draußen im Schaufenster verspricht – vielleicht wirklich charmant. Der Koberer jedenfalls hat alles, was einen gestandenen Strizzi ausmacht und vom ungelernten Personal der modernen Sex-Supermärkte angenehm unterscheidet: einen rauhen aber herzlichen Schmäh, viel Gold um den Hals und an den Fingern, und im Geldbörsel ein Foto von seiner reschen Gattin und seinen beiden feschen Buben.

Heute haben die Damen frei, der Chef steht höchstpersönlich hinter der Bar, und im Schaufenster verkündet ein Schild: „Geschlossene Gesellschaft. Eintritt nur für geladene Gäste“.

Donna gibt sich nach Einnahme einer Großpackung Valium als souveräne Gastgeberin und nimmt die vorerst recht spärlich eintrudelnde *AAS*-Kundschaft mit dem kühlen Charme einer echten Diva in Empfang. Auch sie hat von Brunner den Befehl, umgehend aber unauffällig Meldung zu machen.

Seine Spezialeinheit ist teils draußen im Foyer postiert, wo sie unter Skociks Kommando der spindeldürren und in *AAS*-Leder verpackten Freundin des Gschwinden beim Überprüfen der Einladungen über die knochigen Schultern schaut. Der Rest der Einsatztruppe trinkt an der Bar Soda-Zitron, oder wird sich erst im Laufe des Abends unauffällig unter die Gäste mischen.

Brunner hat mir harte alkoholische Getränke und den Sprechkontakt mit Bekannten wie zum Beispiel dem Turbo verboten, also langweile ich mich in meiner Loge bei einem Bier nach dem andern halb zu Tode.

Denn natürlich ist Wien nicht LA, und dementsprechend spektakulär gestaltet sich der Einzug der *AAS*-Gemeinde.

Sie besteht in erster Linie aus alleinstehenden Herren undefinierbaren Alters, die aus gegebenem Anlaß zur grauen Trevirahose das schwarzlederne Hundehalsband angelegt haben. Mit hungrigen Augen halten sie Ausschau nach der Herrin ihrer feuchten Träume und kriegen, abgesehen von Donna, nicht viel geboten: zwei grell geschminkte Heavy-Metal-Gören, die ihre birnenförmigen Figuren in schwarze Plastikmonturen gepfercht haben und sich aufgeregt kichernd in eine der Logen verziehen; eine reife Dame mit üppig dekorierten Brüsten, die aber nicht nach devoten Herren ihres Jahrganges Ausschau hält, sondern nach strapazierfähigen Jungfrauen; und moderne, aufgeschlossene Paare, die durch die Kombination von Lack, Lacoste und Latex eventuellen Gleichgesinnten signalisieren wollen, daß sie einer, den erotischen Horizont erweiternden Gruppenerfahrung nicht abgeneigt wären.

„Genau so hab ich mir das vorgestellt", raunt mir Donna zu, „der Ball der Unentschlossenen."

Sie hat soeben noch einen scheuen Gast in Trevira in Empfang genommen und an der Bar abgestellt.

Jetzt zieht sie grinsend das fade Aug und stöckelt auf ihren turmhohen Absätzen zurück zum Entree, wo zwei vampiröse Gestalten undefinierbaren Geschlechts einen ersten leisen Hauch jener morbiden erotischen Spannung in die Party bringen, die Donna bis jetzt so vermißt hat.

Elfi ist Donnas Werbeveranstaltung selbstverständlich fern geblieben. Gestern, als ich mich nach meinem schicksalhaften Schaumbad zu ihr in den TV-Sektor setzte, meinte sie nur, ihr sei das alles schon die längste Zeit zu viel und sie wolle das nächste halbe Jahr, wenn nicht länger, nichts anderes als schlafen, schlafen, schlafen. Oder zur Abwechslung einmal was Schönes erleben. Sowas wie die Pandabären in der Bergwelt Tibets, da hätte ich was versäumt, ganz reizend, richtig zauberhaft diese Dokumentation.

Obwohl es mir alles andere als leicht fiel, meine schaumgeborene Lösung unseres Problems mit dem Schlächter von Sechshaus für mich zu behalten, beschloß ich, Elfi bei ihren Pandas zu lassen und am Morgen als erstes Brunner zu informieren. Elfi dankte es mir, indem sie mir nicht bloß einen behelfsmäßigen Schlafplatz in ihrem Kiva, sondern die Hälfte ihrer riesigen Liegewiese zur Verfügung stellte. Als sie aus dem Umkleidesektor kam, trug sie einen übergroßen Männerpyjama mit roten und grauen Streifen. Und ich kriegte zum Gästebettzeug ein T-Shirt von Motörhead mit der Aufschrift „Nö Sleep At All".

Dann lagen wir noch eine halbe Stunde oder so wach, plauderten über die Dauerkrise zwischen Mann und Frau, natürlich ohne die Abgründe, die wir selbst an Herz und Seele erfahren haben, auch nur annähernd auszuloten, und mitten unter meinen zugegeben etwas ausufernden Ausführung war Elfi plötzlich eingeschlafen.

„Elfi", sagte ich. Ruhiges, regelmäßiges Atmen war die Antwort. Ich knipste das Licht aus und dachte an Marlene, die sich in ihrer Pariser *Palace*-Suite unter saphirblauen Seidenlaken räkelte, völlig ahnungslos, daß sie heute bereits kurzzeitig Mordkomplizin ihres zart besaiteten Gilbert war. Vielleicht träumte Elfi auch vom schönen Gily. Jedenfalls drehte sie sich im Schlaf hin und her, schnurrte wie ein Kätzchen, und der Silberschmuck unter der losen Pyjamajacke klingelte dazu wie viele ferne Glöckchen. Beruhigend. Über der Frage, ob sich der silberne Zierat auf der warmen Haut ihrer Brüste wohl metallisch kühl anfühlt, schlief ich ein.

Der heutige Tag stand ganz im Zeichen der merkwürdigen Verwandlung der Elfi Tomschik in Donna, die Strenge.

Während Elfi nach dem Frühstück im Badezimmer die erste Phase ihrer Mutation durchlebte, telefonierte ich mit einem gestreßten Brunner. Er versprach, den Trainer zu informieren. Die von mir gewünschten Unterlagen würden mit Donnas und meinem Eintreffen gegen 17 Uhr im *Belle de Jour* bereitliegen.

„Kein Wort zur Tomschik. Das erledige ich vor Ort", sagte er noch. Dann widmete er sich weiter dem Fallenbau und dem Kollegen Skocik, der „wieder einmal über die Stränge geschlagen hat. Und das noch dazu an der falschen Stelle." Als Elfi aus dem Bad kam, war ihre blonde Mähne zu einer gigantischen Turmfrisur angewachsen. Aber Elfi, die Nette, ging nicht nur unter falschen Haarteilen mehr und mehr verloren. Jetzt kamen die falschen Wimpern, die falschen Fingernägel, und tonnenweise Make-up, das den Augen eine falsche Härte und dem Teint die falsche Blässe gab.

„Wenn du schon sonst für nix gut bist, dann hör wenigstens zu", sagte Donna (denn Elfi würde sowas nie sagen) und trug mir im Bademantel und mit Spickzettel in der Hand vor, was sie abends der *AAS*-Gemeinde zu verkünden gedachte.

„Naja", sagte ich, um sie nicht völlig zu entmutigen. Aber angesichts des drohenden Polizeigroßaufgebots hatte sie alles aus ihrer Festrede gestrichen, das nur irgendwie als anstößig, provokant oder gar diabolisch mißverstanden werden könnte.

„Naja gilt nicht", sagte Donna, „Wie is das? Leiwand oder Oasch?"

„Eher letzteres", sagte ich. „Alle Anwesenden wissen ganz genau, warum Sie da sind. Aber Du redst daher, als wolltest du ihnen Mottenkugeln oder Gesundheitsschlapfen verkaufen."

Drei Anläufe und vier hysterische Anfälle später war die Ansprache, nicht zuletzt durch meine Mithilfe als Astaroths Werbetexter, halbwegs brauchbar und nicht völlig schmähfrei.

Das größte Problem stellte allerdings die letzte Phase der Mutation dar. Donna konnte sich einfach nicht entscheiden, was sie anziehen soll. Also sah ich so ziemlich jedes Stück aus den *AAS*-Kollektionen der letzten Jahre, auch in Kombination mit den besten Stücken aus Donnas eigenem Fundus, an mir vorüberziehen, gab meinen Senf dazu, wurde zuerst noch belächelt, dann ob meiner Inkompetenz gerügt und schließlich mit spitzen Lippen auf die Wange geküßt, weil das Werk vollbracht und Donna nach drei Stunden harter Arbeit mit sich selbst zufrieden war.

In schwarzen Pumps mit lebensgefährlich hohen Bleistiftabsätzen, halterlosen Seidenstrümpfen und einem kleinen, lackglänzenden Schwarzen, das an ihrem Kurvenkörper klebte, als hätte es ihr der Designer (nicht Claude Levy übrigens) auf die nackte Haut gemalt.

„Ziemlich geil", sagte Donna zu Donna, als sie vor dem mannshohen Spiegel neben der Garderobe gleichzeitig Arsch und Busen rausreckte, während unten schon Brunners Wagen wartete, um uns zum Schauplatz der Konfrontation mit dem Schlächter zu kutschieren.

Von dem fehlt nach wie vor jede Spur. Aber im *Belle de Jour* ist es mittlerweile nicht mehr ganz so einfach, den Überblick zu bewahren.

Dem Heer der Unentschlossenen folgen nun zu später Stunde die überzeugten Poseure und eine gar nicht so kleine Delegation aus dem teuflisch strengen Lager. Diese Damen und Herren, die sogar den Fürsten Astaroth und Behemoth noch so manches blutige Vergnügen beibringen könnten, belächeln die Veranstaltung selbstverständlich als sadomasomäßige Kinderjause, bleiben aber trotzdem, denn was weiß man, vielleicht passiert noch was.

Der Koberer hat auf Donnas Befehl das Musikprogramm von Sade und Phil Collins auf Dancefloor und Tekkno umgestellt. Mir war das eine zu fad und ist das andre zu laut, aber bei wem sollte ich mich beschweren, schließlich bin ich ja nicht freiwillig und nicht zum Vergnügen hier.

Die drei Paare und zwei Solisten auf der Tanzfläche haben ihren Spaß. Das zählt.

Und der Auftritt des Schlächters.

Aber zuerst ist Donna dran. Mit unserer Ansprache. Vielleicht liegt es am reichlich genossenen Gerstensaft, vielleicht auch daran, daß Donna nicht im rosa Bademantel, sondern im aufgemalten kleinen Schwarzen die Tanzfläche zu ihrer Bühne macht, jedenfalls kommt ihr Appell, dem geilen Tier in uns das Freigehege einzuräumen, das ihm zusteht, ziemlich überzeugend.

Applaus. Dann die Ankündigung, daß nach einer kurzen Umbaupause sechs solche geilen Tiere (die ich am Nachmittag bei der Probe in Trainingsanzügen bewundern durfte), vorführen werden, was die *AAS* meint, wenn sie sagt: „Auf daß die Sünde siegt!“

Noch mehr Applaus.

Und zum Abschluß, neben dem „Freigehege“ mein wohl wichtigster Beitrag zum Gelingen von Donnas Festrede, ein beherztes:

„In Astaroths Namen. Amen.“

Jetzt schmunzelt sogar der harte Kern, und Donna sonnt sich im begeisterten Applaus und Gejohle. Während sie die Tanzfläche räumt und in der Menge untertaucht, habe ich erstmals eine klare und präzise Vorstellung meines Lebens nach erfolgreicher Absolvierung meines fünfzigsten Geburtstags: Ich werde von der Rock-and-Roll-Bühne für immer abtreten und ein sonniges, gemütliches Büro mit Kühlschrank und Bettbank beziehen. Und gegen fürstliche Honorare, die der Kohlen-Güntl als mein Kompagnon aushandelt, werde ich (als Konsulenten die Firma Trainer & Trash im Rücken) die Ausrichtung und Inszenierung von Produktpräsentationen betreiben, egal ob es sich um Turbo-

Mixer, Reizwäsche oder Weichspüler handelt. Das ist eine Zukunft. Wunderbar.

Vorausgesetzt ich werde älter als diese Party.

36

Das viele Bier treibt. Und so mache ich mich auf den breiten Weg zum Klo, ehe das *AAS*-Ballett mit seiner Mitternachtseinlage beginnt.

Auf dem Retourweg ist nach fünf Metern Zwischenstop, weil es der Turbo nicht fassen kann, mich bei einer solchen Veranstaltung zu treffen. Ich vertröste ihn mit einem nicht ganz überzeugenden „A falscher Irrtum", und kämpfe mich weiter durch die Menge.

Wer von den Damen und Herren, die alle in Richtung Tanzboden drängen, um das *AAS*-Ballett nicht zu versäumen, zur Einsatztruppe des Sicherheitsbüros gehört, ist nicht mehr auszumachen.

Ich hab nur den schlimmen Verdacht, daß die bärenstarken Arme, die mich von hinten umklammern und mit einem kräftigen Ruck in das Abseits eines der drei Séparées zerren, keinem von Brunners Mitarbeitern gehören.

Sowas spürt man.

Dann spüre ich einen Schlag gegen die Brust, und mir bleibt einen Moment die Luft weg. Ich taumle rückwärts und lande auf dem Diwan. Die Tür hinaus ins Freigehege fliegt zu, ehe Brunners Sicherheitskräfte meinen unfreiwilligen Abgang überhaupt bemerkt haben. Der Riegel rastet mit einem häßlichen Quietschen ein. Und ich sitze in einem plüschroten Käfig, allein mit einer Bestie, die das gleiche Rasierwasser benutzt wie der Trainer. Nur in viel stärkeren Dosen.

„Bleiben Sie, wo Sie sind und hören Sie mir zu. Es dauert nicht lang", höre ich ein leises Nuscheln, als hätte der Mann Polypen oder eine Wäscheklammer auf der Nase.

Von einem Sprachfehler hatte Donna nichts gesagt, als wir nach der Ballettprobe vorne im Büro des *Belle de Jour* saßen, Brunners improvisierter Kommandozentrale für den Großeinsatz gegen den Schlächter von Sechshaus.

Brunner wollte von Donna alles hören, was sie über den Dichter weiß.

Aber Donna hielt meine schaumgeborene Vision erstens für eine Seifenblase und meinte zweitens, der Dichter sei genau der Typ von Mann, zu dem ihr nichts, aber schon gar nichts einfällt. Außer vielleicht, daß er seit dem Frühjahr nach jedem „Mom & Dead"-Konzert hinter die Bühne kommt, untertänigst um eine Privataudienz bei der Diva bittet und ihr dann seine neuesten Ergüsse überreicht.

„Wirres, furchtbar geschwollenes Zeug, das ich gleich in der Garderobe in den Papierkorb geschmissen hab", übte sich Donna in Literaturkritik.

„Ungelesen?" fragte Brunner.

Donna nickte. „Die erste Lieferung hab ich überflogen, alle weiteren marschierten schnurstracks in den Mist. Nach einem Gig hat man andere Dinge im Kopf und absolut keinen Bock, sich das Fantasy-Epos irgendeines Schüchtis reinzuziehen. Fragen Sie den Kurtl. Der kennt das sicher auch."

Ich hatte nach Donnas Gig im Festsaal der Berufsschule zwar auch andere Dinge im Kopf, aber andererseits Zeit genug gehabt, die fliegenden Blätter des Dichters querzulesen, während Donna und Steve in der Garderobe zugange waren. Wirres geschwollenes Zeug über gepfählte Knaben und eine Rachegöttin mit Marmorbrüsten. Ich war ein bißl peinlich berührt über die Auswirkungen von Donnas Sex-Metal auf die Phantasie erwachsener Männer, ansonsten hinterließ das schwüle Epos keinen nachhaltigen Eindruck.

Bis gestern das aus Leder, Stahl, Samen und Blut gefertigte Selbstporträt des Schlächters bei Elfi einlangte und Brunner Spekulationen anstellte, das Polaroid könnte so eine Art Arbeitsbericht sein, eine vorläufige Bilanz seiner Opferbereitschaft.

Und während ich dann in meinem dampfenden, wohlriechenden Refugium dahindämmerte, stiegen die ewigen Verse des Dichters aus dem Komposthaufen meiner Erinnerung hoch. Da spricht die Rachegöttin Sowieso zum gepfählten Hauptdarsteller irgendwas in der Art von: „Erst wenn ich dein Bildnis, gemalt mit dem Blute unwürdiger junger Männer, in Händen halte, werde ich dich rächen und du wirst durch meine göttliche Hand die ersehnte Erlösung finden."

Und dann sah ich den Dichter mit Donna tanzen, einen Linkswalzer, einen Tango und einen Slow Fox.

Die Mappe mit der schriftlichen Bestätigung lag seit Samstag auf der Rückbank des froschgrünen Boliden. Und nachdem sie Brunners Schergen heute Mittag vom Trainer geholt hatten, konnten Donna, Brunner und ich den genauen Wortlaut nachlesen.

„Aber ich hab dem Dichter in meinem ganzen Leben nix anderes geschafft, als mich am Arsch zu lecken. Und das war am Samstag, weil er mir da mit seiner ewigen Semperei total auf den Hammer gegangen is", sagte Donna nach dem Studium der Dichterworte.

„Was Sie tatsächlich zu ihm gesagt haben, spielt überhaupt keine Rolle", sagte Brunner. „Er hat Sie zu seiner Rachegöttin auserkoren, und wann ich Sie mir so anschau, Frau Tomschik, dann kann mir sogar ich, als ein Mensch ohne besonders überschäumende Phantasie, gut vorstellen, wie er darauf kommt. Wie ein kreuzbraves Wäschermädel kommen Sie ja nicht grad daher, wann ich mir die Bemerkung erlauben darf."

Dann gingen wir mit Brunner alle Eventualitäten des Abends durch. Ein Tete a tete mit dem Dichter im Séparée kam dabei nicht zur Sprache. Aber eine goldene Regel: bei einer eventuellen Konfrontation ruhig verhalten, keine Eigenmächtigkeiten, versuchen, Zeit zu gewinnen. Hilfe ist nah. Es kann garnix passieren.

Der Dichter kommt hüstelnd in mein Blickfeld. Turnschuhe, Jeans mit Bügelfalte, schwarze Lederjacke. Und auf dem Kopf, so als hätte er sich kurzfristig zum Besuch dieses Kostümfests entschlossen und keine passende Verkleidung parat gehabt, eine Katzenmaske mit schwarzen und weißen Tupfen, Flitter um die Augen und langen goldenen Schnurrhaaren.

Sein Sprachfehler rührt wohl daher, daß die Katzenmaske für den Kinderfasching dimensioniert ist und um die Nase des Dichters zu eng sitzt.

„Sie müssen mit ihr sprechen", nuschelt der Dichter. „Sie müssen sie an unsere Verabredung erinnern. Und Sie werden sie begleiten. Sie wird eventuell Ihre Hilfe brauchen."

Kein Schaum vorm Mund, kein Nervenzucken, kein Klaus-Kinski-Blick, kein vergifteter Atem. Der Dichter hat so überhaupt nichts von einem wahnsinnigen Killer. Seine Hände zittern, und er vergräbt sie abwechselnd in den Taschen seiner Lederjacke. Das ist die einzige Auffälligkeit an seinem Verhalten. Aber auch mir zittern die Hände. Das kann vorkommen, am Morgen nach einer harten Nacht zum Beispiel oder im Zustand großer seelischer Anspannung. Und was der Dichter spricht, macht sogar irgendwie Sinn. Keine Gepfählten, keine amputierten Herzen, keine Rachegöttin. Ein junger Mann in einer herzensmäßigen Notlage.

„Ich würde Ihnen ja gern helfen", sage ich, „aber leider weiß ich nicht, von wem Sie reden. Aber wenn ich die Dame kenne, gehe ich gern zu ihr und lege ein gutes Wort für Sie ein. Ist Sie draußen?"

„Sie sind kein Idiot, obwohl Sie sich in der Öffentlichkeit gern als solcher präsentieren, also ersparen Sie uns bitte dieses lächerliche Versteckspielen“, sagt der Dichter mit energisch nuschelnder Stimme. „Wir wissen beide, von wem ich rede. Donna schätzt Sie. Sie haben einen Platz in ihrem Herzen. Sie hat mich lange genug mit diesen Kreaturen gestraft, die ihrer nicht würdig waren. Jetzt hat Sie einen Mann gefunden, der Manns genug ist, an ihrer Seite zu bestehen. Sie können Sie haben. Ich werde Ihrem gemeinsamen Glück nicht im Wege stehen. Das stünde mir auch nicht zu. Aber Donna und ich haben eine Vereinbarung, wenn Sie so wollen, und ihren Teil unserer Vereinbarung wird sie heute zu erfüllen haben.“

„Verstehe“, sage ich, „eine Vereinbarung. Also da will ich mich gar nicht einmischen. Reden Sie doch selbst mit ihr, ich kann das jederzeit arrangieren.“

„Es hat da vor kurzem eine Meinungsverschiedenheit gegeben. Es war ganz allein meine Schuld. Aber seit dieser unschönen Szene spricht Donna nicht mehr mit mir. Sie kann sehr nachtragend und unerbittlich sein.“

„Is mir noch nicht aufgefallen“, sage ich.

„Wenn Sie Donna so lang und gut kennen wie ich, werden Sie verstehen, was ich meine“, sagt der Dichter.

Und ich hab schön langsam den Eindruck, durch einen Knick in der Realität in eine Operette geraten zu sein, in der ich die Rolle des Postillion d'amour übernehmen soll.

„Also was darf ich Donna bestellen?“

„Wir treffen uns auf Rodenstein“.

„Und Donna kennt den Weg?“

Der Dichter lacht. Er hat schlechte Zähne. Das paßt, wie die lächerliche Katzenmaske, nicht so recht zu seinem adretten Äußeren. „Natürlich kennt sie den Weg. Schließlich ist sie dort zu Hause. Aber fahren Sie vorsichtig, die Straßen sind nachts oft schon recht glatt.“

„Und wann, haben Sie sich vorgestellt, soll Donna vorbeischauen?“

„Es ist alles vorbereitet. Wenn sie sich hier, sagen wir, um zwei von ihren Verpflichtungen freimachen kann, könnten Sie beide um halb vier auf Rodenstein sein. Aber wie gesagt: fahren Sie vorsichtig. Und noch etwas: Ich rechne ganz fest mit Ihrem Kommen. Donna wird Sie brauchen. Aber ersparen Sie mir dieses Gesindel da. Sie kommen zu zweit.“

„Versprochen“, sage ich. „Rodenstein. Zu zweit.“

„Gut. Dann entschuldigen Sie mich jetzt“.

Ich sehe noch, wie er etwas aus der Jackentasche zieht.

Dann schlägt in meiner linken Schläfe der Blitz ein.

37

Zuerst steigt mir der Duft von zuckerfreiem Kaugummi mit Wildkirschgeschmack in die Nase. Dann streicht eine Hand sanft über meine Wange. Und als ich die Augen wieder aufschlage, sehe ich zuerst verschwommen viele blonde Löckchen und dann in das Gesicht eines besorgt dreinblickenden Jünglings.

„Is dir was? Is eh alles okay?“ fragt er.

Ich will ihm ganz viel erklären und ihn vor allem darum bitten, die angeblich vollzählig anwesende Truppe von Brunners Spezialisten zu alarmieren, aber mir kommt nur ein klägliches Röcheln über die Lippen.

„Too much Extasy“, vermutet der Blonde und lächelt verständnisvoll.

Ehe der dumpfe Schmerz in meinem Hinterkopf mit voller Wucht einsetzt, muß ich zu meiner Befremdung feststellen, daß der hilfsbereite Bursche ja eigentlich ein Mädchen ist, genauer ein Dienstmädchen, komplett mit

Spitzenhäubchen, weißer Schürze, schwarzem Kleidchen und wadenhohen Schnürschuhen.

„Hallo", höre ich mich krächzen.

„Hallo", sagt der dienstmädchenhafte Knabe und reicht mir hilfreich die Hand. Ich will mich eben daran hochziehen, als ein fescher Reitersmann, ausstaffiert als hätte er sich von der Fuchsjagd hierher verirrt, mit barscher, aber unverkennbar weiblicher Stimme unserem Treiben Einhalt gebietet.

Ich rapple mich ohne Hilfe vom Boden auf und empfehle mich grußlos, als der Reitersmann, der eigentlich eine Reitersfrau ist, seinem Dienstmädchen, das eigentlich ein Dienstknabe ist, in herrschaftlichem Tone zu verstehen gibt, daß so viel unbotmäßiges Verhalten nach sofortiger Bestrafung schreit.

Ein freudiges „Oh, nein, bitte nicht hier!" begleitet mich, als ich aus dem Séparée zurück in den Partytrubel wanke.

„Tür zu!" schreit mir der Herr des Hauses nach.

Die *AAS*-Modenschau hat soeben mit dem Einzug der Balletttruppe begonnen, und alles drängt sich um die Tanzfläche. Seit dem Blitzschlag können also nur ein paar Minuten vergangen sein.

Mein markerschütternder Schrei nach Brunner bleibt ungehört. Die Dancefloor-Ausgabe der alten „Venus" läßt mir keine Chance.

Ich werfe mich einer jungen Frau an den Hals, die aussieht, als hätte sie vor heute Mittag noch nie in ihrem Leben von der *AAS* gehört, und liege richtig. Sie rekrutiert mit ein paar flinken Gesten ein halbes Dutzend neugieriger Polizisten, dem ich trotz der tanzenden Venus und meines dröhnenden Kopfschmerzes klarmachen kann, daß ich in dem Séparée hinter mir soeben das Vergnügen hatte, vom Schlächter höchstpersönlich bewußtlos geschlagen worden zu sein.

Es vergehen weitere wertvolle Minuten, ehe ich die aufgeregten Damen und Herren von der Exekutive davon überzeugen kann, daß es null Reibach hat, den Schlächter jetzt, wo er längst über alle Berge ist, in diesem Séparée überwältigen zu wollen.

„Was da drinnen jetzt grad passiert, ist nicht unser Bier, sondern ein Fall fürs Arbeitsgericht. Und ich will endlich mit dem Brunner reden!“

Während ein Großteil der Einheit darüber berät, ob man die Séparéetür besser eintreten oder aufschießen soll, schleppt mich die *AAS*-Novizin, der ich vorhin um den Hals gefallen bin, in die Kommandozentrale. Brunner trinkt einen Kaffee und verfolgt über den Schwarzweiß-Monitor der Hausanlage das Team-Match von vier *AAS*-Gladiatoren auf der Tanzfläche.

„Ich will ja nicht stören“, sage ich, „aber so kann man nicht arbeiten.“

„Er sagt, er wurde gerade angegriffen und niedergeschlagen“, faßt die junge Beamtin meine Begegnung mit dem Dichter zusammen.

Dann bin ich aufgefordert, schön langsam und der Reihe nach zu erzählen, was wann wo und wie gesagt und getan wurde. Als ich fertig bin, ist der Dichter längst daheim in seiner Fantasy-Burg, läßt die Zugbrücke hoch und an den Schießscharten von Rodenstein seine besten Männer mit Brandpfeilen, Vorderladern und Infrarot-Armbrüsten in Position gehen.

„So kriegen wir den nie“, beschließe ich meinen Bericht, „Und ich sag Ihnen ganz ehrlich: Mir is es inzwischen wurscht. Weil mir reicht's.“

Brunner schiebt mir wortlos Donnas Gästeliste über den Schreibtisch und tippt mit dem Zeigefinger auf einen Namen rechts unten: Clementine Stifter, Rodensteinweg 28, Purkersdorf, Niederösterreich.

Das Kreuz hinter dem Namen bedeutet: Abonnent der *AAS*-News, und die beiden Sternchen: *AAS*-Kunde mit Einkäufen im Wert von über 20.000.- Schilling. Eine *AAS*-VIP sozusagen, diese Frau Clementine.

Aber der Dichter war eindeutig ein Mann, oder bringe ich das jetzt mit dem Dienstmädchen durcheinander, das eine Herrschaft hat, die eigentlich eine Frau ist?

Ich will Brunner fragen, ob viele seiner Lockvögel am Steinhof enden.

Aber er telefoniert, schreibt was in seinen Notizblock und gibt mir durch eine Geste zu verstehen, daß er jederzeit, nur nicht in diesem entscheidenden Moment, für mich da ist.

„So, Herr Doktor, wir haben ihn", sagt er, als er den Hörer auflegt und sich im Drehsessel des Koberers zufrieden zurücklehnt.

„Hätten Sie vielleicht eine Zigarette für mich? Die hab ich mir jetzt verdient." Ich werfe Brunner meine Packung zu. Er holt sie mit links aus der Luft.

„Wo is er? Dem Skocik vors Auto grennt?" frage ich.

„Florian Stifter. Baujahr 66. Student der Veterinärmedizin. Der Vater, Stifter Konrad, war auch ein Viechdoktor. Is aber 1975 tödlich verunglückt. Jagdunfall. Zu dem Kapitel krieg ich noch was. Da dürft's damals einige Unklarheiten gegeben haben. Und die Mutter: Stifter Clementine, geborene Buchinger, verstorben letztes Jahr im August. Ein Monat später hat unser Dichter ihren weißen Citröen, Baujahr 87, auf seinen Namen umgemeldet. Und er wohnt nach wie vor im Haus der Eltern in Purkersdorf, Rodensteinweg 28. Allein. Keine Frau. Keine Kinder. Keine Vorstrafen. Nix. Ein unbeschriebenes Blatt, unser Dichter." Brunner blättert die vollgekritzelten Seiten seines Schreibblocks zurück zum Anfang.

„Naja, ich würd vorschlagen, wir warten jetzt auf den

Akt über den Jagdunfall des Herrn Papa, und dann machen wir uns schön langsam auf den Weg. Purkersdorf is nicht weit. Aber bei dem Scheißwetter draußen fahren wir schon eine Zeit. Sie sollten auf jeden Fall ein, zwei Kaffee trinken, Herr Doktor, weil das wird heut noch eine lange Nacht."

38

Skocik fährt wie eine gesengte Sau.

Es ist kurz nach drei, es schüttet in Strömen, und niemand, der nicht gut dafür bezahlt wird oder sinnlos besoffen ist, treibt sich jetzt auf der Straße herum. Die idealen Bedingungen, sich zum Beispiel in der scharfen Linkskurve da vorn den Tod zu holen.

Aber Skocik ist zumindest so viel Polizist, daß er den Abgang von Donna und meiner Wenigkeit mit der Ergreifung des dichtenden Schlächters koordinieren will. Und so überleben wir die Linkskurve. Knapp. Und vielleicht läßt Skocik später dann sogar Donna oder mich überleben, weil die Rettung eines der Opfer aus den Klauen des Schlächters von Sechshaus bei der Presse einen besseren Eindruck macht als ein glatter Doppelmord.

Donna macht sich ganz andere Sorgen. Sie sitzt neben Brunner auf dem Rücksitz, klappert in ihrem aufgemalten kleinen Schwarzen mit den Zähnen und will von Brunner wissen, bei wem sie ihre Schadensersatz- und Schmerzensgeldforderungen geltend machen soll, wenn sie sich im Zuge dieser Aktion den Arsch abfriert.

„Beim Dichter", sagt Skocik und lacht.

Donna hat Probleme mit dem Humor des Jungbullen und trägt ihm die Amputation entscheidender Weichteile an.

Was wiederum Brunner auf den Plan ruft, der die im

Dienstwagen Anwesenden lautstark zu Ruhe, Ordnung und Konzentration mahnt.

Mit einem Wort: Die Nachtfahrt nach Rodenstein verläuft in eher angespannter Atmosphäre.

Irgendwie verständlich. Denn schließlich soll eine Hundertschaft an Scharfschützen, Überwachungsexperten und sonstigen Spezialkriminesern die einsame Festung des Dichters bei unserem Eintreffen dermaßen fest in ihren zweihundert Händen haben, daß Donna und ich nur noch vorzufahren brauchen, aus dem zivilen VW-Passat steigen, anläuten, warten, bis wir vom Hausherrn hereingebeten werden, und dann dabei zusehen, wie effektiv zweihundert Fäuste zuschlagen können.

Ob ihnen die Belagerung von Rodenstein gelungen ist, ohne den Dichter aufzuschrecken, der garantiert wie ein Luchs auf seine beiden späten Gäste lauert, wage ich zu bezweifeln.

Neueste Meldungen liegen nicht vor, weil Skociks Autotelefon, seit wir Hütteldorf passiert haben, jegliche Zusammenarbeit verweigert.

Und auf Brunners Versprechen, bei dieser alles entscheidenden Operation seien nur absolute Spitzenkräfte im Einsatz, geb ich auch nicht viel. Sowas ähnliches hat er mir heute bereits im *Belle de Jour* erzählt, und ich hab dran geglaubt, bis mich der Dichter völlig unbehelligt ins Chambre Séparée entführen konnte.

„Ich frag mich wirklich, warum ich mich auf den Irrsinn eingelassen hab“, sage ich leise vor mich hin.

„Es sind immer die Frauen“, sagt Skocik und biegt, kurz nachdem wir die traurigen Überreste des Hoffmann-Sanatoriums passiert haben, nach rechts ab.

Für Donna würde ich keine solche Strapaz auf mich nehmen, Elfi hockt im Schneidersitz daheim in ihrem Kiva und träumt von Pandas und der Stofftier-Version ihres Gily, und

Marlene streichelt und krault in Paris oder Quebec das zerknirschte Ego ihres Gilbert.

„Schwachsinn, Skocik“, sage ich.

Er lacht und zuckt die Schultern. Ein Vollidiot. Ich werd ihm das auch sagen. Später.

„Es gibt eben Leut, Herr Doktor, die wollen alles ganz genau wissen“, meldet sich Brunner von hinten.

Will ich das? Der Akt über den vermeintlichen Jagdunfall des Dr. Stifter anno 1975 war mir eigentlich aufschlußreich genug.

„Nicht ganz genau“, sage ich zu Brunner, „Ziemlich reicht.“

39

Brunner klopft noch einmal aufmunternd gegen die regennasse Scheibe, dann verschwindet er mit Skocik in der Nacht. Und ich begehe in seinem Auftrag die erste Verkehrssünde meines Lebens, indem ich mich hinters Steuer des Passat klemme und das Dienstfahrzeug der Exekutive ohne Führerschein die hundertfünfzig Meter zum Haus des Dichters kutschiere.

Hinter der nächsten Wegbiegung geht es ein Stück steil bergauf, vorbei an den Häusern Rodensteinweg Nr. 26 und 27. Die sind nicht winterfest und daher jetzt im November unbewohnt. Und das letzte Haus vor dem Wald, das muß es dann sein. Rodenstein.

Unten im Ort hatte uns einer von Brunners Spähern kurz angehalten, über die geografischen Gegebenheiten informiert und gemeint, daß sich im Haus des Dichters nichts Außergewöhnliches tut. Ein weißer Citröen parkt vor der Haustür. Drinnen brennt Licht. Also ist er daheim. Und wartet. Das Gebäude ist umstellt. Der Spezialeinheit ist es gelungen, unbemerkt in den Garten vorzudringen, und weitere Fachleute arbeiten am lautlosen Knacken der Hintertür. Alles im Griff und unter Kontrolle.

Ich bringe ausgerechnet in der letzten Kurve Gas und Kupplung durcheinander. Ein Koordinationproblem von linkem und rechtem Fuß, das mich als Schlagzeuger disqualifizieren würde. Aber ich hab weder zum Trommeln noch zum Autofahren besondere Ambitionen. Nie gehabt. Das eine grenzt an körperliche Arbeit, und das andere stellt 90 Prozent der Führerscheinbesitzer dieses Landes tagtäglich vor unlösbare geistige Aufgaben. Warum sollte es mir anders gehen?

Im Vorderteil des Fahrzeugs, unter der Kühlerhaube, dort wo Herz und Motor wohnen, heult was auf. Der Wagen macht einen Satz nach vorn wie ein scheuendes Pferd.

„Cool bleiben, Kurtl“, sagt Donna, „sonst trifft mich gleich der Schlag.“

Donna sitzt jetzt neben mir und klappert immer noch mit den Zähnen, obwohl die Heizung im Wagen auf Hochtouren läuft.

Die Scheinwerfer huschen über einen schwarzen Kasten. Die nicht winterfeste Nummer 27.

Dann taucht aus stockfinsterer Nacht Rodenstein vor uns auf, und der Anblick hat was Erhabenes. Stellen Sie sich Prinz Eisenherz vor, wie er aus dem schwärzesten aller Mischwälder Englands geritten kommt und in der Ferne die Residenz von König Arthur erblickt, Schloß Camelot, mächtig groß und in einem magischen Licht erstrahlend, komplett mit Merlins Zaubergarten und der Tafelrunde für Ivanhoe, Ritter Gawain und all die andern edlen Burschen in ihrer Blechmontur.

Der Dichter hat in seiner frühen Jugend garantiert viel Prinz Eisenherz gelesen oder sich zumindest, so wie ich, die vielen schönen Bilder angeschaut. Und mit ein bißl

Phantasie gibt sogar Purkersdorf einen passablen Schauplatz für ein geschwollenes Heldenepos ab. An eine gachblonde prallbusige Rachegöttin kann ich mich bei Prinz Eisenherz zwar nicht erinnern, aber ich habe meine Studien des höfischen Lebens auf Schloß Camelot ja auch bereits gut eineinhalb Jahrzehnte vor dem Dichter abgeschlossen. Und bekanntlich nagt der Zahn der Zeit ganz besonders erbarmungslos tiefe Gedächtnislücken ins alternde Gehirn, wenn es um die Erinnerung an weibliche Anmut und Schönheit geht.

„Haben die Kieberer das Flutlicht eingeschaltet, damit wir nicht stolpern?“ fragt sich Donna. Und holt mich mit einem schrillen, unlustigen Lacher zurück auf den Boden.

Aber es sind nicht Brunners Mannen, die ihre Sorge um uns auf so augenfällige Art und Weise demonstrieren. Im Zuhause des Dichters sind bloß alle Lichter an.

Und Rodenstein ist keine Burg, keine Festung und auch kein Schloß, sondern eine Art Försterhaus, das nach ein paar kleinen kosmetischen Operationen an der Fassade den perfekten Drehort einer Fernsehserie mit sensationellen Einschaltquoten abgeben würde.

Ich trete vor dem hölzernen Gartentor auf die Bremse. Der Wagen hält tatsächlich an. Dann drehe ich den Zündschlüssel um. Und der Motor säuft tatsächlich ab.

Ich glaube ja, Brunner hat mich und nicht Donna mit dem Fahren betraut, um mich zu beschäftigen. Damit ich nicht etwa auf die Idee komme, bei voller Fahrt aus dem Wagen zu springen, weil man einen Sprung in den Straßengraben statistisch eher überlebt, als die Einladung in das Haus eines wahnsinnigen Mörders.

„Geschafft“, sage ich.

„Ich hab Schiß und soll mir nicht anmerken lassen, daß ich Schiß hab. Wie macht man das?“ fragt mich Donna.

„Du machst das ganz ausgezeichnet“, sage ich.

Dann steigen wir aus.

Die Festbeleuchtung hat was Beruhigendes. Rodenstein strahlt, als fände heute der örtliche Jägerball statt, oder ein Bankett der Tierärzteschaft.

Was aber gleichzeitig so beunruhigt, ist diese Stille. Nur Regen und Stille.

„Nach Ihnen, Gnädigste“, sage ich zu Donna und lasse ihr, ganz Kavalier der alten Schule, den Vortritt. Sie stöckelt durch den morastigen Boden zum Gartentor. Dabei flucht sie leise vor sich hin. Und ich liebe sie dafür.

Ihre herbe Kritik am Leben im allgemeinen, ganz besonders aber an diesem Scheißregen und den Scheißstraßen in diesem Scheißkaff, die einem die Scheißschuhe ruinieren, die ein Scheißgeld gekostet haben, macht die lähmende Stille um uns herum einigermaßen erträglich.

Im Vorbeigehen tritt Donna dem weißen Citröen gegen die Radkappe. Und ich, auch nicht feig, radiere mit dem Nagel des kleinen Fingers über den Lack der Kühlerhaube.

Natürlich ist die Scheißkarre unschuldig und kann nix dafür, daß sie einen Besitzer hat, der in ihr seit bald einer Woche in meinem Revier auf Menschenjagd geht, aber an irgendjemand muß man in einer solchen Ausnahmesituation sein Mütchen kühlen dürfen.

Am Tor gibt es keine Gegensprechanlage, nur eine Klingel über dem alten Messingschild: Dr. Konrad Stifter. Tierarzt. Ordinationszeiten.

„Läuten oder was?“ klappert Donna mit den Zähnen.

Ich tippe das Gartentor mit einem Finger an, und es schwingt langsam auf.

„Is eh offen“, sage ich.

Ein Garten im November ist kein besonderer Anblick. Aber der Garten des Dichters ist das auch zur Zeit der Baumblüte nicht. Seit seine Mutter tot ist, hat sich hier niemand mehr um das Wohlergehen der Fauna gekümmert.

Wir gehen den schmalen, mit Steinplatten ausgelegten Pfad durch Gestrüpp und Wildwuchs zum Haus.

Über dem Eingang hängt ein beleuchteter Sechsender. Die Tür hat eine Hirschhornklinke. Und wer, wie wir, auf Rodenstein Einlaß begehrt, der zieht an einem Glockenseil mit Hirschhorngriff.

Dieser Dr. Stifter muß mit Leib und Seele Waidmann gewesen sein.

Und der kleine Florian, das konnte man dem Akt über den angeblichen Jagdunfall entnehmen, war Papas größter Fan.

Als Florian neun Jahre alt war, erfüllte ihm der Herr Papa dann seinen allergrößten Wunsch: Der Bub durfte mit zur Jagd. Kein Sonntagsausflug in die Wälder, das kannte er schon von Kleinauf. Nein, an diesem langen Wochenende um den Nationalfeiertag des Jahres 1975 ging es von Freitag bis Sonntag in die Gegend von Reichenau an der Rax.

Ein Jagdfreund namens Raimund Strobl, Fleisch- und Wurstwarenfabrikant in Neunkirchen und ein ziemlich hohes Tier in der niederösterreichischen Landespolitik, hatte Vater und Sohn zu seiner traditionellen Pirsch geladen.

Strobls Jagdgesellschaft war ein exklusiver Zirkel. Männer aus Juristerei, Medizin und Politik frönten in Strobels Revier ihrer Leidenschaft und feierten in seiner Jagdhütte bis in die späte Nacht hinein ihr Waidmannsglück.

Gegen zwei Uhr früh des 25. Oktober becherte nur noch der harte Kern der Herrenrunde in Strobls Stube. Ein Scheidungsanwalt aus Wien, ein hochdekorierter Oberst a.D. des Bundesheeres und Dr. Konrad Stifter.

Der Rest der Jagdgesellschaft war bereits zu Bett gegangen.

Laut Aussage seiner beiden Trinkkumpanen hörte Stifter einen Schrei und dann das Wimmern seines Sohnes, der oben in der Mansarde schlief, und wollte kurz nachsehen, was mit dem Buben los sei.

Aber der Tierarzt kam nicht wieder. Der Anwalt und der Oberst fanden ihn und Florian eine dreiviertel Stunde später.

Stifter lag tot auf dem Boden der Mansarde. Sein Jagdmesser steckte in seiner Brust, und Stifter hielt den Griff mit beiden Händen umklammert, als wollte er sich die Klinge wieder herausziehen.

Florian hockte auf seinem Bett, starrte auf die Leiche seines Vaters und sagte kein Wort.

Sechs Monate lang mühten sich Polizisten, Ärzte und Psychiater mit dem Buben ab. Dann fing er schön langsam wieder an zu sprechen. Aber nicht über die Nacht in der Mansarde. Florian Stifter wollte und konnte sich nicht mehr daran erinnern, wie sein Vater starb.

Also war es für die Akten ein Unfall. Ein Selbstfaller im Vollrausch sozusagen.

Denn mit fast drei Promille Alkohol im Blut kann es sogar einem vernunftbegabten Menschen wie dem Tierarzt Stifter passieren, daß er über sein eigenes Jagdmesser stolpert, ungeschickt fällt und dabei zu Tode kommt.

Es existiert aber auch eine Aussage von Clementine Stifter, die den Gastgeber der Jagdgesellschaft, den Wurstfabrikanten Raimund Strobl, schwer belastet.

Im Zustand größter Verzweiflung, und weil die Hinterbliebenen bei solchen Unglücksfällen sehr oft die Schuld nicht beim Verblichenen selbst, sondern bei jemand anderem suchen, äußerte Florians Mutter den Verdacht, der honorige Herr Strobl hätte ihren Florian in jener Nacht sexuell mißbraucht, wäre dabei vom Vater überrascht worden, und im Zuge einer tätlichen Auseinandersetzung hätte Strobl seinen Jagdfreund mit dessen Hirschfänger erstochen.

Diese Aussage machte Clementine Stifter einmal und nie wieder.

Raimund Strobl erwies sich als Waidmann mit Herz, indem er der gramgebeugten Witwe den kleinen Ausrutscher verzieh, und nicht nur das: Weil er sich als Gastgeber an dem tragischen Unfall mitverantwortlich fühlte und das Leid lindern wollte, das in seiner Jagdhütte über Frau und Sohn eines Kameraden gekommen war, erhielten Clementine und Florian Stifter eine großzügige monatliche Zuwendung, die ihnen erlaubte, das Haus in Purkersdorf zu behalten und bis zum Krebstod des edlen Spenders im Jahre 1986 ein Leben ohne finanzielle Sorgen zu führen.

„Und wenn die Drecksau nicht vor der Zeit abgekratzt wär, dann hätte ihn die Frau Clementine bis zu ihrem eigenen Abgang melken können“, fand Donna die würdigen Schlußworte zu Brunners dramatisierter Fassung der Stifter-Akte.

„Die Wahrheitsfindung hat in unserem Gewerbe nicht immer Priorität“, meinte Brunner nachdenklich und packte die Akte in seine Tasche. „Aber in dem konkreten Fall hat das auch was Gutes gehabt. Wem nutzt schon ein Strobl im Häfen? So hat er wenigstens elf Jahre lang brennt wie ein Luster.“

Die Reparationszahlungen des Wurstfabrikanten mochten sich zwar auf die Lebensqualität im Hause Stifter ausgewirkt haben, die Schäden im Kopf des Dichters konnten sie nicht beheben. Die sind irreparabel. Und seit Mutter Clementine als Racheengel nicht mehr zur Verfügung steht, weil sie vom Petrus abberufen wurde, geht die Welt des Florian Stifter anscheinend immer mehr aus dem Leim.

„Eigentlich tragisch“, sagte ich, als Brunner mit dem Abbau seiner Kommandozentrale im *Belle de Jour* fertig war und noch drei Kaffee bestellte, als Wegzehrung hinaus nach Purkersdorf.

„Ich weiß, Sie sind ein großer Menschenfreund, Herr Doktor", sagte Brunner. „Und natürlich is das tragisch, was dem Stifter als Buben passiert is. Aber was er jetzt damit macht, is tragisch für den Auer Wickerl und den toten Piefke und für die Frau Tomschik und für Sie. Und damit endlich Schluß is mit der ganzen Tragik, machen wir uns nach dem Kaffee auf die Socken."

„Der tote Piefke heißt übrigens Behrens", sagte Donna und schickte Brunner einen Giftblick. „Stefan Behrens. Und weil Sie alles so ganz genau wissen, können Sie mir sicher auch sagen, wie das zusammengeht: Der Dichter hat einen schweren Pecker. Okay. Verständlich und tragisch. Die Mama is tot, und ich bin seine neue Rachegöttin. Clementine, die Zweite. Auch okay. Aber warum bringt er plötzlich den Wickerl um und den Steve? Damit hat er doch bei jeder Frau auf alle Ewigkeit ausgeschissen."

„Vielleicht war er die vielen Herrenbesuche daheim bei der Mama nicht gewöhnt?" meldete sich Skocik von der Tür.

Donna drehte sich nicht einmal um und antwortete ohne Worte. Mit dem ausgestreckten Mittelfinger ihrer rechten Hand.

Eigentlich wollte Skocik ja nur sagen, daß der Wagen bereit steht und somit der Erstürmung von Rodenstein nichts mehr im Wege.

„Danke, Skocik", sagte Brunner, und es klang wie die letzte Verwarnung vor der roten Karte.

Und während das ungleiche Paar irgendwo in Hör- oder sogar Reichweite, aber im Schutze der Dunkelheit und in Gesellschaft von bis an die Zähne bewaffneten Kollegen auf der Lauer liegt, posieren Donna und ich frierend vor der Eingangstür als Zielscheiben für den dichtenden Killer, das arme Schwein.

Wir stehen, warten, und ich trete von einem Fuß auf den

andern, weil der viele Kaffee im Verein mit dem vielen Bier und der vielen Aufregung dermaßen treibt, daß der Harndrang kaum noch zu bändigen ist.

„Anläuten oder was?“ sage ich zu Donna, damit was weitergeht.

Sie tippt mit dem langen falschen Fingernagel des rechten Zeigefingers die Haustür an, und die schwingt auf.

„Is eh offen“, sagt sie.

40

Im Treppenhaus ist alles aus hellem Holz oder grün. Jägergrün. Und die Zeit des Regens und der Stille ist vorbei. Bei jeder kleinsten Bewegung knarrt und knirscht es im Gebälk. Und auch wenn Donna und ich nur regungslos dastehen, erfüllt ein ständiges Ticken und Pochen das Haus.

Zwei Möglichkeiten: Entweder Brunners Leute sind überall und tragen heute ihre Tarnkappen. Oder Rodenstein ist Schauplatz des Weltkongresses der Holzwürmer.

Dann war die ganze Aufregung umsonst, ich bin der Blamierte, und der Dichter steht irgendwo im Wald und lacht sich einen Ast.

Da er auf mich aber nicht den Eindruck eines Schalks, Witzboldes oder Scherzküberls gemacht hat, ganz im Gegenteil, entscheide ich mich für die erste Möglichkeit.

Und so wacht also in jedem Raum des Hauses ein Dutzend unsichtbarer Freunde und Helfer über uns, wenn Donna und ich vorbei an der tierärztlichen Praxis, die seit zwanzig Jahren geschlossen ist, zu den Privatgemächern der Familie Stifter vordringen, die seit einem Jahr nur noch aus Sohn Florian besteht. Falsch. Aus Sohn Florian und Clementine, der Zweiten.

Aber so ganz trauen wir unseren getarnten Beschützern

ja doch nicht, und daher nimmt Donna meine Hand, oder ich nehme ihre Hand. Egal. Jedenfalls betreten wir Hand in Hand ein Jägerstüberl, in dem alles seine Ordnung hat und nichts auf die Anwesenheit des Dichters hinweist. Von einer Wand grüßt der Auerhahn, von der andern ein Gamsbock, das Tischtuch ist rotweiß kariert, und im Herrgottswinkel brennt ein Grablicht.

Vom Stüberl gehts in die blitzblanke Bauernküche, deren Anblick Donna ein baßerstauntes „Wie bei der Geierwally!" entlockt. Also wenn ich nicht wüßte, daß die Hausfrau voriges Jahr verstorben ist, würde es mich nicht wundern, wann jetzt, auch zu so später Stunde, eine anständige Brettljausn auf dem Tisch stünde. Mit luftgetrocknetem Speck, einer Blunzn, frisch geriebenem Kren und selbstgebranntem Obstler, weil eine dermaßen schwere Kost nach Mitternacht eine hochprozentig wirksame Verdauungshilfe braucht.

Und während ich so fest an einen kräftigen Schluck Marillenen denke, daß mir richtig warm wird im Magen, weiß Donna nicht, wovon sie mehr fasziniert sein soll: von dem holzgeschnitzten Wetterhäuschen auf der Kredenz, vor dem ein holzgeschnitztes Dirndl mit einem roten Regenschirm aufs schöne Wetter wartet, oder von den Zierdeckerln mit den aufgestickten großen Weisheiten des kleinen Mannes: „Wer rastet, der rostet" und „Der Mensch denkt, aber der Herrgott lenkt".

Ich kann mir nicht vorstellen, daß Donna hier zu Hause ist. Das ist nicht das Ambiete für eine vom Hause *AAS* eingekleidete Rachegöttin, die den einst gepfählten und geschändeten Dichter von seinen irdischen Qualen erlösen soll.

Also genehmige ich mir noch ein paar Schluck vom imaginären Obstler, vertraue daraufhin blind auf meinen Überlebenswillen und die Allgegenwart von Brunners

Einsatztruppe und ziehe Donna mit mir die hölzerne Treppe hinauf ins Obergeschoß.

Bereits am Treppenabsatz stinkt es wie in einem Affenstall. Zuerst flüchten wir nach rechts. Da läßt der Gestank zwar nach, aber wir landen vor versperrten Türen und in einem Badezimmer, das zwar hygienemäßig gegen die blitzblanke Küche abstinkt, dessen Verschmutzung aber noch absolut im Bereich des hierzulande Üblichen liegt.

Zweiter Anlauf. Von der Treppe nach links. Die einzige Tür steht einen Spalt offen. Der Gestank beißt in der Nase und in den Augen.

Donna tritt die Tür weit auf. Und wir schauen in ein Kinderparadies mit Hunden und Katzen aus Plüsch, Gewehren und Faustfeuerwaffen aus Plastik, einem Kruzifix überm Bett und einer Modelleisenbahn in der Spielecke.

Es ist alles wieder wie es war, vor der Nacht in der Jagdhütte des Wurstfabrikenten Strobl. Nur der Wochenplan vom Vorjahr überm Schreibtisch, mit den Vorlesungen an der Veterinärmedizinischen, paßt nicht so ganz ins Bild. Und der Berg Schmutzwäsche neben dem Fernseher mit dem zertrümmerten Bildschirm.

Und der Dichter. Nackt und in einer Blutlacke auf dem Fleckerlteppich.

Seine Arme und Beine zucken, und mit jeder Bewegung quillt Blut aus sämtlichen Körperöffnungen. Und davon gibt es mehr, als Mutter Natur dem Menschen geschenkt hat.

Der Dichter blutet nicht nur aus Mund, Nase, Ohren, Arschloch und Schwanz. Er hat mit dem Hirschfänger, der neben ihm auf dem Boden liegt, noch gut ein Dutzend neuer Löcher und Schlitze hinzugefügt.

Jetzt dreht er langsam den Kopf und sieht uns an. Er sagt was, und ein Schwall Blut und Speichel kommt aus seinem Mund.

„Donna hat keine Angst“, verstehe ich.

Wir hocken uns neben ihn, weil sein Stimme kaum zu vernehmen ist. Sein Atem geht rasselnd, und er spuckt mit jedem Atemzug rote Bläschen aus.

„Donna hat keine Angst. Nie. Warum hast du sie hergeschickt? Sie sind überall. Draußen. Im Garten. Unten im Keller. Sie braucht sie nicht. Sie hat keine Angst.“

Der Dichter starrt Donna an, als wäre sie eine Fremde. Seine blutige Hand faßt nach meinem Bein. Ich zucke zurück, und dann taste ich nach dem Jagdmesser. Die Klinge ist naß und klebrig von seinem Blut. Ich trete nach dem Hirschfänger, und er schlittert über den Boden außer Reichweite bis zum Bahnwärterhäuschen der elektrischen Eisenbahn.

„Ich hab doch alles getan. Alles, was sie wollte“, sagt der Dichter und wischt sich mit der Hand über die blutigen Lippen.

„Sie hat es versprochen. Ich hab sie gefragt. Und sie hat es mir versprochen. Wo ist sie? Wo ist Donna?“

„Ich hab garnix versprochen“, will Donna sagen, aber ihr gelingt nur ein Krächzen.

Selbstverständlich hat sie versprochen, den gepfählten Jüngling von seinen Qualen zu erlösen. In den holprigen Versen seines Endlos-Epos. Da ist Donna überhaupt verläßlicher, aber dafür auch unerbittlicher als die leibhaftige Donna Tomschik. Eine Diskussion darüber scheint aber angesichts des vor unseren Augen ausblutenden Dichters etwas fehl am Platz.

„Was hab ich falsch gemacht?“ sagt er, und sein Körper bäumt sich auf.

„Scheiße“, krächzt Donna. Sie schüttelt den Kopf, als wollte sie den Anblick aus ihrem Kopf vertreiben. Sie schaut den Dichter hilflos und mit großen Augen an und steht dann auf.

„Ich hab ihr Versprechen“, blubbert es aus dem Dichter mit vielen roten Bläschen heraus, „Ich hab alles schwarz auf weiß, daß sie es tun wird und daß ich dann für immer bei ihr bin.“

„Was soll Donna tun?“ frage ich.

„Es ist nur ein Schnitt, ein einziger Schnitt. Sie hat mir geschworen, daß sie es tun wird.“

Der Gnadenstoß. Das hat der Florian Stifter wohl von seinem Herrn Papa gelernt. Jägerlatein. Der erlösende Schnitt durch die Kehle, damit das angeschossene, waidwunde Tier nicht unnötig leidet. Und damit hat er auch selbst gearbeitet, beim Wickerl und beim lustigen Steve. Der Gnadenstoß für die Unwürdigen. Kurz und schmerzlos. Und dann das Herz für Donna.

Der Dichter schließt die Augen.

„Was hab ich falsch gemacht?“ fragt er sich noch einmal. Dann rasselt sein Atem nicht mehr, und es kommen keine roten Sprechblasen aus seinem Mund.

„Kurtl“, höre ich Donna hinter mir, „Kurtl, bitte sag, daß das alles nicht wahr is.“

Sie ist der Blutspur des Dichters gefolgt und steht vor einer schmalen, nicht einmal mannshohen Tür, die von Florians Kinderzimmer in eine kleine Dachkammer führt.

Hier ist Donnas Reich, und das ist die Quelle des bestialischen Gestanks.

Donna ist allgegenwärtig. Die schrägen Holzwände sind vollgeklebt mit Donnafotos aus den *AAS*-Katalogen, Donnaseiten aus den *AAS*-News, Donnabildern von „Mom & Dead“-Konzerten und Donnapolaroids, auf denen der Dichter mit blonder Donnaperücke und in Donnaklamotten posiert.

Er macht seine Sache gut, besser als Elmore aus Tulsa, Oklahoma, der als Natalie Wood auf dem Totenbett nicht restlos überzeugen konnte.

Die *AAS* hat mit dem Dichter jedenfalls einen treuen Kunden verloren. Der Schrank ist vollgestopft mit Modellen aus Astaroths Kollektion, und auf Tisch und Nachtkästchen hat der Dichter allerlei Requisiten aufgebaut, die die Rachegöttin seiner Wahl für ihre tägliche Arbeit braucht. Fesseln, Peitschen, Klistiere und ein Geschirr mit einem überdimensionalen Gummischwanz. Die einschlägige Fachlektüre, fein säuberlich nach Titeln und Jahrgängen geordnet, gibt auch dem Laien eine Vorstellung davon, wie unerbittlich und gnadenlos Rachegöttinnen wie Donna mit ihren Opfern umzuspringen pflegen.

Das Zentrum dieser Kultstätte ist aber zweifellos ein altes Messingbett.

„Es ist alles vorbereitet", hatte der Dichter im Séparée Donna ausrichten lassen. Und tatsächlich liegt auf dem Bett jene Leder-Kombination bereit, die Donna für das Erlösungsritual anlegen sollte. Am Kopfende hat der Dichter seine gesammelten Werke aufgestapelt und – sozusagen als Krönung – seine einzige nicht literarische Arbeit plaziert, die Skulptur aus Leder, Stahl, Samen und zwei verwesenden Herzen.

Als er dann Brunners vielleicht doch nicht so perfekt getarnte Mannschaft bemerkte, dürfte den Dichter zuerst große Enttäuschung und dann eine unbändige Wut gepackt haben.

Denn Donnas Reich ist überall mit Blut und Scheiße beschmiert. Und er hat begonnen, die Kleider seiner Göttin, die ihn so schmählich im Stich gelassen und verraten hat, aufzuschlitzen und zu zerschneiden. Dann ging er daran, seinem inneren Schmerz Luft zu machen, indem er sich mit dem Hirschfänger die vielen neuen Löcher in den Körper schnitt.

Das Blut spült die Schmerzen fort und ein Leben, das nur noch Qual und Schmerzen ist.

Ich will mir gar nicht vorstellen, in welchem Gesundheitszustand sich Donna und ich jetzt befänden, wenn wir eine Viertelstunde früher Rodenstein betreten hätten und dem Dichter bei seinem selbstzerstörerischen Gemetzel in die Quere gekommen wären.

Donna stellt sich die Folgen anscheinend vor. Und stürzt ans Fenster. Sie schafft es noch, den Innenflügel aufzureißen. Dann kotzt sie gegen die äußere Scheibe.

Und dann schreit sie wie am Spieß.

„Eine schöne Sauerei", sagt Brunner. Er steht plötzlich neben mir und wirkt zwar müde, aber irgendwie erleichtert und zufrieden. Als wäre alles Gottseidank so gekommen, wie er es erwartet hat. Keine bösen Überraschungen. Blut und Scheiße überall. Aber das ist halt so. Das gehört zum Job.

Im Kinderzimmer stehen Männer in Kampfanzügen und mit steinernen Gesichtern den Ärzten und Sanitätern im Weg, die die erbärmlichen Reste des Dichterlebens retten wollen und Donna mit einer Spritze ruhigstellen.

„Ich hab eine Frage", sage ich zu Brunner.

„Was fallt an, Herr Doktor?" sagt er.

„Wo is da ein Klo?"

„Unten. Nach dem Jägerstüberl durch die Küche und dann links", sagt Brunner.

„Großartig", sage ich.

41

Sie ist die größte Sensation, die je den *Quell* betreten hat.

Es geht auf drei, ich sitze an meinem Lieblingstisch neben dem Kachelofen beim Frühstück und lese schon das vierte Mal diesen einen Absatz im *Kronenblatt*, wo Gruppeninspektor Brunner dem *Krone*-Reporter enthüllt, daß „ein Hinweis aus der Bevölkerung“ zur Ergreifung des Schlächters von Sechshaus geführt hat und bei Redaktionsschluß dieser Ausgabe die Ärzte in der Intensivstation des AKH um das Leben des geisteskranken Mörders, eines 29jährigen Studenten der Veterinärmedizin, kämpfen.

Auf Brunner ist Verlaß. Er hat es mir hoch und heilig versprochen, und ich steh tatsächlich nicht in der Zeitung. Das ist für einen urlaubsreifen Urlauber meiner Profession der schönste Lohn. Denn so kann ich ohne Blitzlichtgewitter beim Wirten mein Ham & Eggs verzehren, ohne Fragen zu beantworten mein großes Obi gespritzt trinken und mich völlig ungestört dem Anblick einer sensationellen Geisterscheinung widmen.

Sie trägt eine rubinrote Regenpelerine mit Kaputze, und schenkt mir das sensationellste Lächeln, das ich seit letzten Samstag, zirka 16 Uhr 30, zu Gesicht bekommen habe.

„Darf ich?“ fragt Marlene und setzt sich zu mir, ohne meine Antwort abzuwarten.

„Ma-Häh-Du-Da?“ sage ich, und weil das auch ein kosmopolitischer Mensch wie Marlene nicht verstehen dürfte, mir aber die richtigen Worte fehlen, inszeniere ich einen täuschend echten Hustenanfall, ausgelöst durch ein Stück Kaisersemmel, das sich in die Luftröhre verirrt hat, ehe ich Marlene die entscheidende Frage stelle:

„Wie kommst du da her?“

„Mit der Polizei. Mit diesem Mann, der Kojak heißt, aber aussieht wie Sonny Crockett aus Miami Vice“, sagt sie.

„Skocik, nicht Kojak“, korrigiere ich sie. Und kann’s nicht fassen.

Ich hätte Skocik ja allerhand zugetraut, zum Beispiel daß er hinter Brunners Rücken der Presse steckt, daß der Herr Doktor Ostbahn viel über den Schlächter von Sechshaus zu erzählen weiß, weil er bei dessen Verhaftung persönlich anwesend, aber auch mindestens fünf Minuten geistig abwesend war. Daß ausgerechnet er mir Marlene wiederbringt, kann unmöglich daran liegen, daß aus Brunners üblem Gehilfen über Nacht ein guter Menschen geworden ist.

„Das war er mir schuldig“, sagt Marlene, „nach all dem, was er mir und Gilbert angetan hat.“

Ahja. Das Mörderspiel. Trainer, Trash und Skocik überführen den zarten Gily und seine Mama des zweifachen Mordes und der Mitwisserschaft. Mir kommt vor, das war vor einer Ewigkeit. In einem anderen Leben. In dem Leben vor Rodenstein, als der Wahnsinn noch auf Distanz blieb und in Doktor Trash's Denkmaschinen, anstatt mir mit blutendem Arsch ins Gesicht zu fahren.

Damals, vor nicht ganz 48 Stunden, hatte Brunner seinem unsäglichen Assistenten den Auftrag gegeben, an Gily und Marlene dranzubleiben, während er und ich zu Elfi und der Skulptur des Dichters eilten.

Und Skocik hatte gleich am späten Nachmittag bei Marlene im *Palace* in Paris angerufen und sie in seiner unerreicht diplomatischen Art über den derzeitigen Stand des Mörderspiels in Kenntnis gesetzt.

„Ich fiel, wie sagt man, aus allen Wolken. Ich wußte nicht, wie mir geschieht“, erzählt Marlene aufgeregt und fällt immer mehr in ihren sensationellen Akzent.

„Er wußte Dinge über mich und Gilbert, die kein Polizist in Österreich wissen kann. Und er mixte diese Dinge mit haarsträubenden Beschuldigungen. Es war ganz fürchterlich.“

So fürchterlich, daß Marlene gestern Morgen ihren Gilbert unter den Arm und die erste Maschine nach Wien nahm, um hier vor Ort einen Justizirrtum aufzuklären, der keiner war, sondern der Sololauf eines ehrgeizigen, aber seiner Aufgabe nicht gewachsenen Jungbullen.

Im Sicherheitsbüro durfte sich Marlene dann stunden-

eine zähneknirschende Stellungnahme von Skocik persönlich, der zugeben mußte, daß es wahrscheinlich schlauer gewesen wäre, zuerst anhand der Passagierliste der *Air France* zu überprüfen, ob Gilbert Levy mit seiner Mutter am Samstag nach Paris geflogen ist, anstatt ihn eines Mordes zu bezichtigen, der einen Tag nach seiner Abreise in Wien begangen wurde.

„Die Republik Österreich wird mir vielleicht meine Unkosten ersetzen, aber das ist mir egal", sagt Marlene. „Ich wollte von diesem Kojak nur, daß er dich findet und mich zu dir bringt. Das ist doch nicht zu viel verlangt als Entschädigung für den seelischen Schaden, den ich genommen habe, oder?"

Der Quell-Poldl kommt just in dem Moment an unseren Tisch, als ich Marlene bestätigen will, daß das ein ganz famoser Einfall war, der nicht nur ihren seelischen Schaden, sondern auch meine emotionalen Havarien der letzten Tage kurieren könnte. Vorausgesetzt, Marlene kommt nicht wieder auf die Idee, kommentarlos aus meinem Leben zu verschwinden.

Sie bestellt ein Glas Rotwein. Ich schließe mich an. Soll gut sein für den Kreislauf. Auch der braucht momentan jede erdenkliche Unterstützung.

Und so ist es diesmal nicht dem Zufall zu danken, sondern Skociks kriminalistischem Spürsinn, daß Marlene und ich bei einem Wirten im Fünfzehnten sitzen und trinken. Skocik hat sie vom *Palace* abgeholt, in die Reindorfgasse gekarrt und, da ich nicht daheim war, kühn kombiniert, daß man mich dann eigentlich nur schräg vis-a-vis bei meinem Stammwirten antreffen kann.

„Und diesmal habe ich sogar ich einen Plan", sagt Marlene.

„Du hast einen Plan?"

Marlene nickt bedeutungsvoll.

„Gilbert ist bei seiner seltsamen Freundin. Donna. Du weißt, der geht es nicht gut. Er will einige Tage bei ihr bleiben. Ich muß aber morgen geschäftlich nach Italien."

„Ist das der Plan?" sage ich, doch etwas enttäuscht. „Dann verrat ich dir meinen. Ich werde morgen den Herrn Josef, den Wirt aus dem *Rallye*, im Spital besuchen, und anschließend steht beim Doc ein Kaffeeplausch auf dem Programm, wo ich Trainer und Trash über meinen Besuch beim Schlächter von Sechshaus berichten soll."

„Klingt sehr interessant. Aber kann man das nicht um ein paar Tage verschieben?" sagt Marlene.

„Schwer. Die beiden sind wahnsinnig neugierig. Sie wollen wissen, ob ich die ganze Zeit etwas gewußt habe, das sie nicht wissen konnten. Bevor sie das nicht wissen, können sie nicht mehr ruhig schlafen."

„Hmm", macht Marlene und trinkt einen Schluck. „Trotzdem. Ich finde, du solltest ein paar Tage Urlaub machen."

„Urlaub? In Italien zum Beispiel?" frage ich, weil es doch ein paar Dinge gibt, die ich ganz genau wissen will.

„Venedig kann sehr schön sein im November", sagt Marlene.

Aufgezeichnet von Dezember 93 bis März 94
Nach Diktat verreist,
Kurt Ostbahn.

Zum besseren Verständnis

ausfratscheln – ausfragen
Bana – Beine, Knochen; unattraktive weibliche Wesen, vgl.: Graten
Baucherl – Weinbrand mit Cola
Blutzer – Kopf
Blunzn – 1. Blutwurst. 2. Korpulenter Mensch
Depperter, deppert – Idiot, Schwachkopf; blöde
Doppler – Zwei-Liter-Flasche (Wein)
fett – (fett sein) betrunken
Fisch – Fixiermesser
fladern – stehlen
Flinserl – kleiner Ohrschmuck
gachblond – hellblond (gefärbt)
gamsig – lüstern, geil
Gfrast – boshafter Mensch
Graten – (Gräten); dünne Person
grindiges Tschocherl – schmuddelige Kneipe
Grund – (vom Grund sein) Heimatbezirk, Wohngegend
hantig – energisch
Kieberer, Kieberei – Exekutive
Koberer – Wirt
Krauterer – alter Knacker
Latsch – gutmütiger Mensch
leiwand – in Ordnung, super, großartig
Oasch – Arsch; adj.: übel, schlecht
Ölung – (Voll)Rausch
Pecker – Meise, geistiger Defekt
Peckerln – Tätowierung
Rotzpippen – vorlautes Kind, lästiger Mensch

Schlawittl – Kragen, Genick
Schmalz – Haftstrafe
Schmarrn – Unsinn; etwas Minderwertiges
Schulstagler – Schüler, der unerlaubt dem Unterricht fernbleibt
Spezl – Kumpel, Freund
Steinhof – (am Steinhof); psychiatrisches Krankenhaus im Westen Wiens
stier – pleite
Tuchent – mit Federn gefüllte Bettdecke
Untergatte – Unterhose
Wachler – Fächer; große Ohren
Wappler – Trottel
Wirten – (beim Wirten sein) Wirt; in einer Gaststätte verweilen